TRAIDORES DA PÁTRIA

Claudio Tognolli

TRAIDORES DA PÁTRIA

AS MARACUTAIAS DOS IRMÃOS BATISTA NA JBS

Matrix Editora
www.matrixeditora.com.br

Diretor editorial
Paulo Tadeu

Foto da capa
Claudio Belli/Valor/Folhapress

Capa, projeto gráfico e diagramação
Allan Martini Colombo

Revisão
Silvia Parollo

CIP-BRASIL - CATALOGAÇÃO NA PUBLICAÇÃO
SINDICATO NACIONAL DOS EDITORES DE LIVROS, RJ

Tognolli, Claudio
Traidores da pátria / Claudio Tognolli. - 1. ed. - São Paulo: Matrix, 2019.
88 p. ; 23 cm.

ISBN: 978-85-8230-521-8

1. Corrupção na política - Brasil. 2. Brasil - Política e governo. I. Título.

19-55318 CDD: 320.981
CDU: 32(81)

Meri Gleice Rodrigues de Souza - Bibliotecária CRB-7/6439

Sumário

Introdução

Ex-secretário nacional de Justiça do governo Lula, o delegado Romeu Tuma Jr. explica como ninguém o nascimento do atual estado de coisas a gravitar no mundo e no submundo dos irmãos Batista. "O governo do PT precisava de um caixa central para pagar os políticos, um núcleo em que eles fizessem suas cobranças, como um banco: surgiu assim o Mensalão; no final do governo Lula, o caixa se mudou para a Petrobras, veio o Petrolão. E agora se sabe que desde o começo de todos esses caixas existia um caixa-mor: a JBS."

De 2006 a 2017, a contabilidade da propina paga pela JBS e outras empresas dos irmãos Joesley e Wesley Batista ultrapassa R$ 1,1 bilhão.

Desse valor, R$ 301 milhões foram repassados em dinheiro vivo; R$ 395 milhões por meio de empresas indicadas pelos políticos; e R$ 427,4 milhões em doações oficiais de campanha.

Muita água rolou desde o início do segundo semestre de 2018: a rescisão pela PGR, em fevereiro de 2018, das delações premiadas de Wesley Batista e Francisco de Assis; a soltura, em março de 2018, de Joesley Batista e Ricardo Saud; nova prisão, em novembro de 2018, de Joesley Batista e Ricardo Saud; a Operação Capitu, em novembro de 2018, referente à mesada da JBS para Aécio Neves; a Operação Ross, em dezembro de 2018, contra Aécio Neves e JBS, propina para compra de apoio de partidos políticos; e o *recall*, em dezembro de 2018, de 2,5 mil toneladas de carne nos Estados Unidos.

Mas a grande bomba veio em fevereiro de 2019: o operador financeiro da campanha que elegeu Dilma Rousseff presidente, em 2010, o delator e ex-ministro dos governos petistas Antonio Palocci afirmou, em um depoimento inédito obtido por *O Globo*, ter conhecimento de que o empresário Joesley Batista, dono da J&F, abriu uma conta no exterior para depositar a propina devida ao partido e acertada com o ex-ministro Guido Mantega, outro operador da campanha. Palocci confirmou o relato da delação premiada de Joesley e disse que ele também lhe ofereceu a utilização da conta caso precisasse receber dinheiro no exterior. Segundo a delação de Joesley, as contas abastecidas com US$ 150 milhões pelo grupo empresarial no exterior foram utilizadas pelo PT para comprar o apoio de aliados e financiar o Caixa 2 da eleição de Dilma.

"Posteriormente, Joesley teria aberto uma conta no exterior, onde depositava recursos políticos. (...) Joesley referiu que emprestava a conta para Guido e Vaccari para que recebessem valores envolvendo acordos ilícitos do PT", relatou o ex-ministro. Palocci afirmou ainda que, tempos depois de tomar conhecimento do tema, outro empresário lhe narrou ter depositado valores destinados ao PT nessa conta do Joesley no exterior.

Preso em setembro de 2016, o ex-ministro firmou delação com a Polícia Federal em Curitiba e em Brasília. Pelo acordo, ele foi transferido para o regime domiciliar em novembro de 2018. Palocci foi condenado pelos crimes de corrupção passiva e lavagem de dinheiro a 12 anos e dois meses de prisão pelo então juiz Sergio Moro, na Operação Lava Jato. Esse novo depoimento sigiloso foi prestado nas investigações da Operação Bullish, que apura irregularidades em repasses do Banco Nacional de Desenvolvimento Econômico e Social (BNDES) à JBS.

Como o BNDES entrou na parada?

Em 2009, a quebra da Sadia, após sucessivas apostas em operações de câmbio, daria a oportunidade para criar mais uma campeã no setor de alimentos. Com a crise de 2008, o dólar disparou e a empresa se viu com dívidas de mais de US$ 2,6 bilhões em produtos chamados derivativos.

Foi o momento perfeito para unir as duas maiores empresas do setor. O governo articulou e nasceu a Brasil Foods (BRF), fusão entre Sadia e Perdigão. Em outro setor de carnes, a escolhida foi a JBS. A empresa começou em 1953 como um pequeno açougue na cidade de Anápolis (GO). Em 2005, ela deu início a seu processo de internacionalização, mas foi apenas em 2007 que começou a fazer suas aquisições relevantes. Tudo isso com muito dinheiro do BNDES. Durante a gestão de Luciano Coutinho, foi desembolsado R$ 1,2 trilhão em créditos pelo BNDES...

Com mais de R$ 11 bilhões de financiamento do BNDES, a JBS comprou a Pilgrim's e a Seara no Brasil. Em 2008, comprou mais três companhias americanas do ramo de carnes (National Beef, Smithfield Beef e Tasman). E, finalmente, tornou-se a maior produtora de proteína animal do mundo.

Enquanto todos esperam o que Palocci tem a revelar sobre o maior esquema de gatunagem do mundo, saibam, Michel Temer contratou um escritório internacional de investigações para tentar segurar sua peruca no imbróglio. Cada um se vira como pode, e a grande pergunta que ora corre é: de quem os irmãos Batista estão tomando em 2019?

CAPÍTULO 1

Carne nova

Dentre todas as corrupções aventadas, suspeitas e comprovadas durante os anos em que o Partido dos Trabalhadores (PT) esteve no poder - entre 2003 e 2016 -, um caso que sempre intrigou a todos foi a proximidade entre o Banco Nacional de Desenvolvimento Econômico e Social (BNDES) e a JBS/Friboi.

Sob o comando do petista Guido Mantega, primeiro na presidência do BNDES e, em seguida, como ministro da Fazenda, houve a chamada política de "campeões nacionais", quando empresas privadas passaram a ser alavancadas com investimentos públicos. A JBS/Friboi foi uma das maiores beneficiadas.

Esse processo acabou se tornando ainda mais intenso no segundo mandato do presidente Lula, a partir de 2007, com Luciano Coutinho à frente do BNDES. Conforme Lula revelou a um ministro, o segredo do funcionamento da economia se baseava em um tripé:

- Bolsa Família para pobre, eletrodomésticos linha branca com preços reduzidos e carros financiados em 90 meses para a classe média e empréstimos do BNDES para os ricos.

O mercado mundial deveria enxergar a potência do novo capitalismo brasileiro simbolizado por magnatas, como Eike Batista e os irmãos Joesley e Wesley Batista.

Com o apoio do BNDES, o grupo JBS se beneficiou da derrocada de frigoríficos concorrentes - adquirindo-os a preços baixos e seguindo seu crescimento. Tudo sem nenhum risco, já que o banco estatal atuava como financiador, sem onerar a saúde financeira da empresa.

Ilustra esse método o que ocorreu em setembro de 2009. Num único dia, a JBS anunciou a incorporação das operações do Bertin e a compra da Pilgrim's Pride - a segunda maior empresa do ramo nos Estados Unidos, então em processo de recuperação judicial. JBS e Bertin se tornaram a maior processadora de carnes do mundo, graças ao BNDES - que pagou a conta com a subscrição de US$ 2 bilhões em debêntures da JBS S.A., que deveriam ser "obrigatoriamente" permutadas por ações da JBS USA até o final de 2011.

Mas isso acabou não acontecendo. O BNDES, em 2011, converteu esses papéis pelo valor de face em ações da JBS S.A., e ainda pagou um ágio de 28,5%, depois de um ano sem dividendos sobre as debêntures, aumentando sua participação na companhia para 30,4%.

CAPÍTULO 2

Carne vermelha

Em pouco mais de 60 anos, uma pequena casa de carnes se tornou a maior produtora mundial de proteína animal. Este é um resumo do crescimento vertiginoso do grupo JBS/Friboi, da família Batista.

Em 1953, José Batista Sobrinho, mais conhecido como Zé Mineiro, e seu irmão, Juvensor, criaram a Casa de Carnes Mineira na Vila Fabril, em Anápolis (GO). Ali também construíram um pequeno abatedouro, com capacidade para processar até cinco cabeças de gado por dia.

Antes de se tornarem açougueiros, eles compravam e vendiam boi vivo – de pecuaristas para frigoríficos goianos.

"Naquela época, você comprava um boi por tanto e vendia por tanto. Não falava em peso. Eu não entendia nada de peso de boi. Tínhamos comprado uma boiada grande, boa, e a gente não sabia ao certo o peso dos bois para vender. Foi isso o que nos levou a abater boi para conhecer de peso", contou o próprio Zé Mineiro.

Em 1957, decidiram deixar Anápolis. Miraram Brasília, cuja construção tinha sido iniciada, desejando um futuro mais promissor para seus negócios. Os irmãos Batista contavam com cinco funcionários para abater 30 cabeças de boi por dia e, em uma Kombi, transportar a carne para as empreiteiras que construíam a capital federal.

Estabeleceram-se em Luziânia (GO), cidade a 50 quilômetros da capital federal. Em 1962, o abate diário havia saltado para 55 bois. Eles eram os principais fornecedores de carne para os açougues da recém-inaugurada e totalmente desprovida Brasília.

Já havia aí um benefício do poder. Para alavancar a capital federal, o presidente Juscelino Kubitschek deu isenção de quatro anos de impostos às primeiras empresas que se tornassem fornecedoras de insumos para a nova cidade. José Batista Sobrinho, anos mais tarde, admitiu que isso foi o que "deu um impulso" aos seus negócios.

O primeiro frigorífico do grupo com Selo de Inspeção Federal (SIF) seria adquirido em 1969, na goiana Formosa, com capacidade para abater 40 animais por dia. Foi nessa cidade que nasceram os filhos do empresário, Wesley (1970) e Joesley (1972). Foi em Formosa que a empresa ganhou o nome de Friboi.

Foram necessários quase 30 anos para que a empresa chegasse ao mercado paulista e se consolidasse nacionalmente. Em 1997, o grupo comprou a unidade frigorífica da Sadia em Barra do Garças, em Mato Grosso. Com a ajuda com BNDES, dois anos mais tarde os Batista adquiriram o frigorífico Mouran, em Andradina, no interior paulista.

Em setembro de 2000 a Friboi havia firmado contrato de arrendamento por cinco anos, com opção de compra, com o frigorífico Anglo, na paulista Barretos. O frigorífico Anglo, do grupo cearense Empesca, fazia parte dos bens indisponíveis dos donos do Banco Pontual, que estava em liquidação extrajudicial pelo Banco Central.

Na virada do milênio, a Friboi já era a líder nacional em abate de bovinos e dava os primeiros passos na exportação de carne *in natura*. E, cada vez mais, os irmãos Batista se tornavam íntimos do BNDES.

O ano de 2001 foi marcado por mais aquisições, e a capacidade de abate da Friboi passou a ser de 5,8 mil cabeças de gado por dia, com o grupo tendo exportado US$ 163,952 milhões, crescendo 71,2% em relação a 2000, e registrando uma receita operacional líquida de R$ 1,212 bilhão (25% a mais), lucrando R$ 28,369 milhões (- 2,6%).

Em setembro de 2001, a Friboi recebeu um empréstimo de US$ 30 milhões do BNDES. Em abril de 2002, o Banco do Brasil Investimentos (BBI) vendia sua inusitada participação no frigorífico Sola, do Rio de Janeiro, saindo de uma verdadeira enrascada.

Do outro lado do balcão estavam o Bertin e a Friboi Ltda., que haviam formado a BF Alimentos, uma *joint venture* entre ambos.

Com um ano de existência, a BF Alimentos tinha números de dar inveja – faturamento de R$ 400 milhões e registro de exportações de US$ 700 milhões em carnes industrializadas em 2001.

Mas tudo ficaria ainda melhor com o governo Lula. Em 2003, quando a família Batista celebrava os 50 anos do início de tudo – de quando Zé Mineiro e o irmão começaram a comprar e vender "boi em pé" –, a Friboi começaria uma ascensão meteórica.

Isso porque uma das principais táticas introduzidas pelo governo petista para turbinar a economia brasileira era a possibilidade de o BNDES apoiar empresas de capital nacional em projetos no exterior.

Em 2003, o contabilista da empresa, Wanderley Higino da Silva, assinou uma declaração que informava as "gravíssimas dificuldades financeiras" do frigorífico, devido à falta de fluxo de caixa que deixava o grupo em dificuldades de cumprir "suas obrigações tributárias".

Por outro lado, havia uma porteira internacional aberta. O "mal da vaca louca", ocorrido nessa época na Europa, significou uma forte oportunidade para empresas como a Friboi. Não à toa, 2004 significou um aumento de 69% na receita do setor no Brasil.

Na época, a Friboi aproveitou o momento para reorganizar e centralizar suas operações. A sede em Andradina passou a ser a principal.

O primeiro empréstimo concedido pelo BNDES à Friboi na gestão Lula ocorreu em 15 de dezembro de 2003: R$ 100 milhões, no âmbito do Programa de Apoio ao Fortalecimento da Capacidade de Geração de Emprego e Renda (Progeren).

Foi nessa época que Joesley Batista esboçou à diretoria do BNDES o plano de internacionalizar sua empresa. Conforme o empresário declarou em depoimento à Procuradoria-Geral da República em maio de 2017, houve incredulidade na alta cúpula do banco estatal, mas Mantega sinalizou, de forma "bastante positiva", que o plano interessava ao governo petista.

O Progeren caía como uma luva para a Friboi, já que o programa, segundo o BNDES, tinha o objetivo de apoiar empresas "pertencentes a setores produtivos com alto grau de encadeamento econômico e que apresentavam utilização intensiva de mão de obra".

A Friboi tinha, então, 13,5 mil funcionários em 29 unidades. Com o empréstimo do banco, vislumbrava aumentar em 500 o número de empregados. E elevar em 14,94% seu faturamento. A empresa já exportava para os Estados Unidos, Israel, Chile, Japão, Canadá, Egito, Rússia, Irã e Suíça.

O processo de internacionalização da companhia ocorreu de fato a partir de 2005, com a reestruturação do grupo. A Friboi Ltda. se transformou em JBS Ltda. Em setembro, o grupo adquiriu 85% das ações da Swift Armour S.A. Argentina – US$ 200 milhões, sendo US$ 80 milhões emprestados do BNDES.

Sobre esse episódio, Batista contou que fechou negócio antes de fazer o acordo com o banco estatal. Na ânsia de conseguir operacionalizar o negócio a toque de caixa, o empresário viu que os US$ 80 milhões "saíram caro", conforme disse em depoimento à PGR:

"Quando se aproximou a data do fechamento/pagamento da aquisição, eu pressionei o (lobista) Victor Sandri. Ele, por sua vez, fez forte pressão junto ao presidente do BNDES, Guido Mantega, passando a ele o cronograma exato de quando precisaríamos dos recursos para cumprir o nosso compromisso junto aos vendedores da Swift. Recordo que consegui uma agenda com o então superintendente da área industrial do banco, Carlos Gastaldoni. Na reunião, ele me explicou que era impossível, com tamanha rapidez, aprovar qualquer aquisição acionária e que a diretoria estava deliberando aprovar um empréstimo para resolver o problema de imediato e dizendo que, daí, com calma, nós e o banco engajaríamos num negócio de venda de ações da JBS. Naquele dia foi aprovado o empréstimo, mas foram pagos US$ 3 milhões em propina".

Em 14 de setembro de 2005, Mantega informou ao mercado que o BNDES iria fechar um contrato com o Banco Interamericano de Desenvolvimento (BID), para captar US$ 3 bilhões que seriam destinados a programas de pequenas e médias empresas – mas parte desses recursos seria destinada ao apoio à "internacionalização de empresas brasileiras".

Aquele ano foi bom para a venda de carne. A JBS já era líder nas exportações do Brasil. O emprego no setor aumentou em 157%. A expectativa para o ano seguinte seguia na mesma toada. A Associação

Brasileira das Indústrias Exportadoras de Carne (Abiec) esperava um volume de vendas 10% maior em 2006 – e um faturamento até 20% superior.

A JBS continuou expandindo na Argentina. Comprou novas unidades de abate e, em leilão, adquiriu o controle da massa falida da Companhia Elaboradora de Produtos Alimentícios (Cepa) pela bagatela de US$ 27 milhões. Com isso, em cinco anos – de 2001 a 2006 – a capacidade de abate da empresa aumentou de 5,8 mil cabeças por dia para 22,6 mil cabeças por dia. E a empresa brasileira passou a operar um total de 21 plantas no país e cinco na Argentina.

Com o Brasil economicamente forte, no início de 2007 o grupo decidiu promover a abertura de capital, fazendo o IPO[1] na Bolsa de Valores de São Paulo (BM&FBovespa). Ao mesmo tempo, o BNDES se tornaria sócio da empresa – por meio da BNDESPar, que foi autorizada a aplicar até US$ 750 milhões num aumento de capital da JBS. Por meio da operação, o banco estatal passou a ter o montante de 179.526.311 ações ordinárias, em valor de lançamento de R$ 8,1523. O objetivo do aumento de capital seria para a JBS adquirir a Swift USA.

Havia aí um superfaturamento. O preço dos papéis estava acima do valor de mercado (R$ 7,70).

E, como afirmou Joesley Batista em um de seus depoimentos, estava inaugurada a nova prática: quando ele precisava de dinheiro, bastava ligar ao presidente do BNDES.

No Prospecto Definitivo Atualizado do Segundo Programa de Distribuição Pública de Debêntures de Emissão da BNDES Participações S.A. – BNDESPar (2008), coloca como saldo de investimentos feitos na JBS, para 2008, o total de R$ 1.472.274.000,00, e, no ano de 2007, o valor indicado pelo BNDES, para investimento na JBS, foi de R$ 1.137.006.000,00. Além disso, esse documento indica que a BNDESPar detinha 13% do capital da JBS, com um total de 186.892.000 ações ordinárias.

Em 11 de julho de 2007, a companhia concluiu a aquisição do controle acionário da Swift pelo valor de US$ 1,459 bilhão, sendo US$ 585 milhões

---

1 IPO - Sigla em inglês que significa Initial Public Offering (Oferta Pública Inicial), quando as ações de uma empresa são vendidas pela primeira vez ao público em geral numa Bolsa de Valores.

de aporte acionário feito pelo BNDES. A compra da Swift & Co. levou a JBS ao seu primeiro investimento no mercado de carne suína, com uma planta com capacidade para abater 47 mil suínos por dia.

A expansão seguiria agressiva. Em 2 de maio de 2008, foi confirmado o fechamento da aquisição, pela JBS, da Tasman Group, na Austrália. A estrutura da JBS Austrália, com essa nova aquisição, passou a contar com mais de 5 mil empregados e 15 unidades de produção, com abatedouros de bovinos e de animais de pequeno porte (ovinos e vitelos); capacidade de abate de 8.500 bois/dia e 16.500 animais de pequeno porte/dia, fortalecendo a liderança da empresa no mercado australiano. A Austrália sempre foi um tradicional país produtor de carne bovina, sendo que em 2007 foi o segundo maior exportador, ficando atrás somente do Brasil.

Para comprar os frigoríficos National Beef, Smithfield Beef e Tasman, Joesley Batista afirmou em depoimento complementar à PGR que pediu ao BNDES a quantia de R$ 1 bilhão. Coutinho, então presidente do banco estatal, julgou a quantia muito alta. Mas teria coordenado conversas com fundos de pensão estatais – Petros, Funcef, Previ e Valia. O BNDES entraria com 50%, e os fundos com os outros 50%.

Foi assim que, no dia 25 de março de 2008, a empresa de equity-private, Angra Partners, conseguiu fechar a capitalização do PROT FIP (Fundo de Investimento em Participações), com valor de R$ 1,4 bilhão. O PROT era um fundo fechado com duração de dez anos, que tinha por objetivo específico investir na JBS S.A. com subscrição de 14,3% de seu capital e tinha como participantes o BNDES (50%), Petros (25%) e Funcef (25%), estando entre os negócios a serem ainda investigados pela Operação Bullish, desdobramento da Operação Lava Jato, para saber quanto de prejuízo esse fundo deu ao erário.

Para viabilizar a compra das empresas americanas, o dinheiro não saiu do PROT FIP, mas do caixa do BNDES, que fez uma capitalização na JBS de R$ 995,8 milhões, cujo contrato estabelecia que o banco pagaria pelos papéis da companhia o valor médio dos últimos 90 pregões – R$ 5,90 por ação, já acima dos R$ 4,74 da cotação à época.

Mesmo assim, a regra foi alterada para a média de 120 pregões e o valor subiu para R$ 7,07. Essa troca teria levado, de acordo com avaliação do Tribunal de Contas da União (TCU), a um dano de R$ 163,5 milhões para o BNDES. Por esse dinheiro novo no caixa da JBS, Joesley Batista declarou em depoimento à PGR que pagou 4% de propina.

No dia 4 de março de 2008, a JBS informou ao mercado a aquisição da National Beef. Mas não seria fácil. Procuradores-gerais de treze estados americanos entraram com ações contra a empresa, alegando que a aquisição da National Beef, quarta maior embaladora dos Estados Unidos, ameaçaria a precificação competitiva ao criar um oligopólio liderado pela JBS, pela Tyson Foods Inc. e pela Cargill Inc.

A família Batista não conseguiu comprar a National Beef, mas ficou com a Smithfield Beef Processing (pelo valor de US$ 565 milhões) e também suas operações de confinamento, conhecidas como Five Rivers, e transformou a JBS em um império alimentar global.

Em 2009, a JBS incorporou as operações do frigorífico Bertin, no Brasil, e também comprou a Pilgrim's Pride, sediada em Pittsburgh, Texas, nos Estados Unidos, empresa avaliada em US$ 2,8 bilhões. A empresa estreava no mercado de frangos. O negócio contou com aportes do BNDES - um investimento de US$ 2 bilhões, por meio de compra de debêntures conversíveis em ações que, pelo contrato, deveria ser da JBS USA.

Isso feria o estatuto da BNDESPar. Mas, para os envolvidos, não havia problema. Bastava mudar a regra. Em 24 de novembro de 2009, a diretoria do BNDES alterou o Estatuto Social da BNDESPar, incluindo um artigo de "apoio à internacionalização de empresas brasileiras".

As bênçãos do BNDES continuariam. Em 23 de dezembro de 2009, o banco acatou pedido da JBS e divulgou um comunicado informando que subscreveria 100% das novas debêntures com investimento de até US$ 2 bilhões. Isso serviria para viabilizar a compra da Pilgrim's Pride Corporation.

"A BNDESPar dará garantia firme para a subscrição de 100% de debêntures a serem emitidas pela JBS, permutáveis em certificados de recibos de ações (BDR) da JBS USA ou, alternativamente, conversíveis em ações da JBS caso a JBS USA não promova a abertura do seu capital, conforme definido no Fato Relevante publicado pela companhia nesta data.

A abertura de capital da JBS USA deverá ocorrer até 31 de dezembro de 2010", explicou o banco. A capitalização da JBS demonstra o esforço do BNDES no apoio à internacionalização de empresas de capital nacional. A aquisição da Pilgrim's permitirá à JBS aumentar sua diversificação em proteínas, por meio da industrialização e comercialização de frangos e seus derivados nos Estados Unidos. A Pilgrim's é uma das líderes do setor nos Estados Unidos, com marcas já estabelecidas e tradicionais.

No total, o valor da subscrição da BNDESPar foi de R$ 3,476 bilhões - 99,92% das debêntures emitidas pela JBS.

Em reunião de apresentação de sua empresa para investidores, em 12 de novembro de 2010, Joesley Batista foi questionado sobre o que eram os R$ 80 milhões em despesas não recorrentes que constavam no relatório anual. Batista afirmou que metade eram "doações eleitorais".

Quarenta milhões de reais, portanto, foram doados pela JBS para a campanha presidencial de 2010. Quase um terço do lucro total da empresa em 2009 - R$ 129 milhões.

Mas não era uma doação qualquer. Esse dinheiro era propina paga ao ex-ministro Guido Mantega.

CAPÍTULO 3

Carne gorda

O grupo JBS e a política brasileira estavam amalgamados em uma relação que crescia a cada período eleitoral. Em 2002, quando a empresa iniciava sua internacionalização, ela não figurava nem entre as 100 maiores doadoras de campanha - oficialmente, colaborou com menos de R$ 200 mil.

Quatro anos mais tarde, entretanto, a JBS se destacou como grande financiadora. Doou um total de R$ 12 milhões, segundo registros do TSE - um terço do total destinado à reeleição do presidente Lula. O restante foi para campanhas do governador goiano, Alcides Rodrigues (PP), do governador do Distrito Federal, Roberto Arruda (DEM), para sete deputados federais goianos, além de candidatos a deputado federal e estadual de oito estados da federação.

Em 2010, a JBS investiu R$ 63 milhões no processo eleitoral. Oficialmente, porque por meio de Caixa 2 a empresa apoiou, por exemplo, o candidato José Serra - de acordo com Joesley Batista, o tucano recebeu R$ 14 milhões oficialmente declarados e outros R$ 6,42 milhões não contabilizados.

Em 2014, a JBS foi a grande protagonista entre o empresariado envolvido na disputa eleitoral. A maioria dos candidatos recebeu repasses de seus diretórios, mas 68 candidatos receberam, direto da fonte, um pouco mais de R$ 84 milhões, sendo que desse valor a candidata a presidente Dilma Rousseff recebeu R$ 59 milhões. O total recebido oficialmente pelo PT da JBS foi de R$ 120,37 milhões (31,43%).

Aos nove partidos e candidatos que formaram a coligação de apoio à candidata a presidente Dilma Rousseff (PT, PMDB, PDT, PCdoB, PP, PR, PSD, PROS e PRB), a JBS destinou a quantia de R$ 296.972.528,00, ou seja, 77,5% do montante que foi doado por esse grupo empresarial nas eleições de 2014.

Na campanha eleitoral de 2014, a companhia doou recursos para 28 dos 32 partidos políticos registrados no TSE, num total de 1.829 candidatos, que consumiram cerca de R$ 600 milhões. "A JBS ganhou algum dinheiro vendendo carne e ficou bilionária comprando políticos" era a frase corrente nas redes sociais. Em depoimento à PGR, Ricardo Saud afirmou que desse valor quase tudo era propina - apenas uns R$ 15 milhões seriam doação eleitoral declarada.

Entre os políticos que receberam esses recursos foram eleitos a presidente Dilma Rousseff, 28 senadores, 16 governadores, 167 deputados federais e 179 deputados estaduais.

Foi em função do peso dessas doações que Joesley Batista tentou interferir na escolha do ministro da Agricultura, cargo que tem grande importância para os negócios do conglomerado.

Mas muitas contrapartidas, em geral, vinham do banco estatal. Em 2008, o BNDES injetou R$ 2,5 bilhões no frigorífico Bertin, tornando-se sócio do empreendimento. O investimento era necessário: a empresa acumulava uma gigantesca dívida com bancos públicos e privados - mais de R$ 5,5 bilhões - e operava no vermelho. Com prejuízo de R$ 681 milhões naquele ano, a situação era pré-falimentar.

Havia um burburinho de que ocorreria uma fusão da empresa com a JBS. Isso ocorreu em 2009, num arranjo patrocinado por bancos credores com uma mãozinha do BNDES - o alongamento das dívidas do Bertin atraiu os irmãos Batista. Pelos termos do acordo, foi criada uma *holding* em que os donos da JBS ficavam com 60% e o restante ficava com os proprietários do Bertin.

O grupo Bertin era um conglomerado das seguintes marcas: Vigor S.A.; Companhia Leco de Produtos Alimentícios; Dan Vigor Indústria e Comércio de Laticínios Ltda.; Novaprom Foods e Ingredients Ltd.;

Bertin Paraguay S.A. (Paraguai); IPFSA S.A. (Paraguai); Cascavel Couros Ltda.; S.A. Fábrica de Produtos Alimentícios Vigor; Laticínios Serrabelia Ltda.; M213 Alimentos Ltda.; Frigorífico Canelones S.A. (Uruguai).

Era uma negociação que interessava a muitos. Tirava o Bertin da crise profunda. Valorizava o investimento do BNDES. E o grande grupo resultante da fusão confirmava a política dos "campeões nacionais", posta em prática pelo banco estatal.

A BNDES Participações S.A. deu uma boa ajuda na capitalização. Houve a emissão de debêntures no valor equivalente a US$ 2 bilhões, com o compromisso firmado pela instituição de subscrever a totalidade delas. Isso permitiu não só a incorporação do Bertin pela JBS, como também a compra do controle acionário da Pilgrim's Pride Comporation – por US$ 800 milhões.

Muito se ventilou na época que era uma triangulação arquitetada pelo BNDES. Como o banco estatal havia colocado muito dinheiro no Bertin, a compra da empresa seria condição para que a instituição emprestasse dinheiro para a aquisição da Pilgrim's.

"Existem essas histórias, mas se pedissem eu não comprava. Era sinal de que tinha um problema grande. Sabe o que ninguém lembra? É que o Bertin tinha R$ 4 bilhões de dívida com o Itaú, Bradesco, Santander, Banco do Brasil. Por que ninguém pergunta: o Bradesco pediu para você comprar? O BNDES tinha R$ 2 bilhões. O fato é que naquele momento ninguém tinha balanço para comprar o Bertin", afirmou Joesley Batista à imprensa naquela época.

Na mesma entrevista, ele explicou o tal condicionamento à compra:

"Não, ia comprar a Pilgrim's de qualquer jeito, já tinha um ano de negociação. Mas para fazer duas aquisições ao mesmo tempo eu não tinha balanço. Quando o pessoal veio falar, eu disse que só tinha uma condição: não ia parar o negócio com a Pilgrim's para comprar o Bertin. Falei para o BNDES, para os bancos: vocês vão ter que nos financiar".

A Câmara dos Deputados apresentou, em novembro de 2010, o Relatório da Subcomissão Permanente para acompanhar o processo de fusão da JBS e o Bertin, quando relatou duas preocupações principais com o processo em curso: a concentração de poder para definir preços aos fornecedores de animais e insumos, além da possibilidade de fechamento de unidades compradas e a consequente redução de postos de trabalho.

A Secretaria de Acompanhamento Econômico (Seae), do Ministério da Fazenda, em abril de 2011, recomendou a aprovação da "fusão", mas, por causa do risco de monopólio nesses locais, recomendou que fosse condicionada à alienação de plantas frigoríficas, correspondente à participação de mercado da empresa Bertin no ano de 2009, nos dois estados.

A aquisição - e não a fusão, como era divulgado no início - foi aprovada pelo Cade em abril de 2013. Na mesma decisão, o órgão aprovou a compra de onze frigoríficos realizada pelo grupo.

Os irmãos Bertin não saíram ilesos do processo. Nos desdobramentos, uma série de imbróglios processuais associou os empresários a uma manobra para tentar proteger o patrimônio diante da iminência de uma falência - inclusive com remessa ao exterior, em operações realizadas com sociedade *offshore*, de parte relevante de seus ativos.

Também houve insatisfação da família com as condições da JBS. Em junho de 2013, a Tinto Holding, da família Bertin, entrou na Justiça com uma ação cautelar em que fazia acusações contra a J&F Participações S.A. Segundo eles, as 348,3 mil cotas do FIP Bertin, *holding* pela qual a família participava da JBS, teriam sido desviadas de forma "criminosa" para uma empresa com sede nos Estados Unidos, a Blessed LLC. A Tinto Holding acusava ainda a J&F de falsificar assinaturas de integrantes da família Bertin, para que esse processo fosse viabilizado. Disse ainda que tais cotas valeriam R$ 900 milhões, mas teriam sido transferidas por apenas R$ 17 mil e que, além disso, as cotas haviam sido dadas em garantia a um empréstimo de R$ 100 milhões contraído pelo grupo Bertin com o Banco do Brasil.

No dia 11 de junho de 2013, o juiz Fernando Cúnico, da 5ª Vara Cível de São Paulo, deferiu o pedido de liminar da família Bertin e mandou bloquear a comercialização de tais cotas. Os Bertin disseram que isso seria só o começo, pois eles pretendiam mover uma ação maior contra a Blessed Holdings LLC, de ressarcimento de perdas e danos pelo ilícito praticado.

A família Bertin dizia que iria provar que a Blessed Holdings seria, na verdade, controlada pela família Batista. De acordo com reportagem publicada à época, havia uma série de "coincidências" que, segundo os Bertin, indicavam o envolvimento da JBS nesse imbróglio. Uma dessas coincidências seria a ligação do procurador da Blessed Holdings no Brasil, Gilberto de Souza Biojone Filho, a uma consultoria de um ex-diretor da JBS S.A.

Biojone Filho foi indicado, no dia 28 de novembro de 2012, como representante titular do Ministério do Trabalho e Emprego, para integrar o Comitê de Investimento do Fundo de Investimento do FGTS. Poucos dias depois, o FI aprovou a compra de R$ 950 milhões em debêntures da Eldorado Celulose, do grupo J&F, operação que envolveu o pagamento de propina para Eduardo Cunha, Lúcio Funaro e Fabio Cleto. Biojone deixou o comitê do FI-FGTS cerca de seis meses depois, em maio de 2013.

O processo judicial foi encerrado, com um acordo extrajudicial entre as famílias Bertin e Batista, sem revelação de valores nem de outros detalhes envolvendo tal negociação.

Uma hipótese que justifica a existência desse embate seria o não cumprimento do acerto de gaveta. Quando a aquisição veio a público, a dívida do frigorífico Bertin estava estimada em R$ 4,5 bilhões. O montante de R$ 750 milhões, conforme descrito no anexo, poderia sofrer alterações, dependendo do real valor da dívida encontrada durante a auditoria.

Uma das hipóteses levantadas era que os irmãos Batista não haviam efetuado o pagamento combinado e levado os Bertin a questionar judicialmente tal atitude, alegando fraude. Mas, motivações à parte, só a existência de tal anexo já lançava dúvidas sobre a operação realizada entre as partes.

Na conta final, a partir da proporção de controle definida, os irmãos Batista teriam 26% do capital total da nova empresa, enquanto os Bertin ficariam oficialmente com 22%. Todos os demais acionistas receberiam participações menores e equivalentes ao tamanho da nova JBS S.A., que saltaria de um valor patrimonial de R$ 18 bilhões para R$ 30 bilhões.

Por causa da dívida de R$ 4 bilhões e da magnitude do negócio, a transação gerou um ágio de R$ 9 bilhões, abatido anualmente dos impostos devidos pela companhia. A economia em tributos ao longo dos anos seria de R$ 3 bilhões.

Ao mesmo tempo, os minoritários não tiveram a mesma vantagem e viram sua participação cair em razão do preço inflado anunciado publicamente. Ou seja, com mais participação, os irmãos Batista embolsam uma fatia maior do lucro (sem ter desembolsado o valor correto para obter essa vantagem), à custa dos demais sócios.

Os acionistas da JBS S.A. poderiam alegar na Justiça abuso do poder de controle, especialmente da BNDESPar, que detinha 22,26% das ações, e da Caixa Econômica Federal, que era detentora de 10% das ações. Havia ainda um prejuízo ao Fisco, já que a participação da família Bertin valia menos, e o ágio de R$ 9 bilhões e o consequente benefício fiscal de aproximadamente R$ 3 bilhões, que não existiram.

Para a Receita, a operação representou uma tentativa de elisão fiscal, tendo aberto um procedimento em dezembro de 2014 cobrando do grupo Bertin o valor de R$ 3,1 bilhões em impostos e multas.

Essas irregularidades foram possíveis porque, apesar de falar em fusão, a JBS comprou o Bertin por meio de uma troca de ações – os papéis do Bertin foram entregues de forma indireta para a *holding* da JBS.

Cinco dias antes do negócio, porém, a empresa Blessed Holdings entrou no fundo e ficou com 67% das cotas, que valiam R$ 3 bilhões, por US$ 10 mil. Em 2014, a Blessed Holdings tinha 86% do fundo e ainda integrava o grupo JBS. Para a Receita, o FIP Bertin permitiu uma fraude "explícita" entre os dois grupos empresariais, com a "entrada fictícia" dos Bertin na sociedade, os quais "nunca tiveram ações da JBS".

A Blessed Holdings foi uma *offshore* criada pelos irmãos Batista e pela família Bertin. No fundo, o que eles queriam era um disfarce: sob a Blessed Holdings estariam escondidos seus propósitos criminosos.

As seguradoras US Commonwealth e Lighthouse Capital Insurance Company, situadas em paraísos fiscais, estavam por trás da Blessed Holdings. É a situação ideal para quem quer ocultar os reais proprietários ou blindar um patrimônio: cria-se uma *holding* em um paraíso fiscal, controlada por duas seguradoras igualmente registradas em paraísos fiscais.

Isso levaria a Receita Federal, em 2015, a ter a convicção de que a Blessed Holdings teria sido criada pela família Bertin para driblar o Fisco e não pagar bilhões em Imposto de Renda.

Os benefícios concedidos pelo BNDES à JBS seguiriam no governo Dilma Rousseff. Em maio de 2011, a BDNESPar fez a conversão das debêntures que detinha da JSB S.A. no valor de R$ 3,48 bilhões, passando a deter 31% de seu capital. Entretanto, o banco estatal pagou pelos papéis 28,5% mais do que o valor de venda da Bovespa.

O BNDES perdeu duplamente. Além do ágio de R$ 266,7 milhões, ainda abriu mão de um prêmio de 10% pela não conversão das debêntures em papéis da JBS USA – ou seja, outros R$ 347,8 milhões. De acordo com o noticiado na ocasião, o então CEO Wesley Mendonça Batista se dizia tranquilo quanto à maior participação do BNDES na empresa:

"Eles não terão assento no Conselho de Administração ou qualquer influência sobre nossa estratégia ou sobre a gestão da companhia", afirmou.

Mas a JBS não pararia de crescer. A J&F Participações S.A. assinou, no dia 30 de maio de 2011, o contrato de aquisição das marcas da Bertin Higiene e Limpeza. Com a transação, no valor de R$ 350 milhões, passou a ser dona das marcas Neutrox, Hydratta, Phytoderm, Kolene, OX, Francis, Karina, entre outras, num conjunto de mais de 600 produtos. O negócio passou a integrar a área de produtos para consumo da J&F Participações, a Flora Higiene e Limpeza, dona das marcas Albany e Minuano.

No dia 15 de junho de 2011, o Ministério Público Federal do Rio de Janeiro arquivou o inquérito civil público que visava apurar possíveis irregularidades na operação de aquisição das debêntures pelo BNDES. Segundo o relatório, a operação realizada pelo banco de fomento estatal estava de acordo com a Política de Desenvolvimento Produtivo (PDP) estabelecida pelo governo federal.

No Relatório Anual de 2010 da JBS, contou um prejuízo de R$ 264 milhões. A justificativa seria o pagamento de uma multa de R$ 521,9 milhões, por causa da não abertura do capital da JBS USA.

Em 2012, a empresa assumiu as unidades da Frangosul, Tramonto e Agrovêneto, atuando também no segmento de aves no Brasil. No ano seguinte foi a vez de a Seara Brasil – divisão de aves, suínos e alimentos processados da Marfrig Alimentos – ser adquirida pela JBS. O negócio, de R$ 5,85 bilhões, garantiu à JBS mais espaço em um setor capitaneado pela BRF. A JBS integrou ao seu portfólio marcas importantes do mercado brasileiro, como Doriana, Freski, Fiesta, Wilson e Rezende.

Um gigante praticamente falido também acabou arrematado pela JBS. No fim de 2012, os credores do grupo Independência, fundado em 1977 e que, no auge, foi o segundo maior exportador de carne do Brasil, aprovaram o Plano de Recuperação Judicial da empresa, confirmando a compra dos ativos pela JBS – o pagamento proposto foi de R$ 268 milhões, metade em ações, metade em dinheiro. Uma pechincha, pois estimativas de mercado concordavam que a incorporação do Independência agregou R$ 1,75 bilhão ao faturamento da JBS.

O ex-proprietário Roberto Russo, em depoimento, culparia o governo pelo desequilíbrio de forças do setor que causou sua derrocada. Segundo ele, o grupo JBS era desproporcionalmente beneficiado pelo BNDES.

Em dezembro de 2013, a JBS adquiriu, por R$ 258,6 milhões, a empresa paulista de alimentos Massa Leve. As compras não paravam. Em 2014, a empresa adquiriu a Frinal, a Belagrícola e o Big Frango – total de R$ 430 milhões. Também foram compradas a Sul Valle e a Céu Azul Alimentos. No exterior, a JBS comprou o setor de aves voltado ao Brasil e ao México do grupo norte-americano Tyson Foods – US$ 575 milhões – e a operação global do grupo Primo Smallgoods – US$ 1,25 bilhão.

Duas grandes aquisições internacionais marcaram o ano seguinte. Primeiro, a Moy Park, da Irlanda do Norte, pelo valor de US$ 1,5 bilhão. Em seguida, a divisão de suínos da Cargill, nos Estados Unidos – US$ 1,45 bilhão. A J&F Investimentos também seguia investindo. Comprou a Termoelétrica de Cuiabá e a Alpargatas – que pertencia à Camargo Corrêa.

Para este último negócio, foi decisiva a participação do governo federal. Dilma Rousseff garantiu financiamento da Caixa Econômica Federal. Os irmãos Batista seguiam o jogo: pagavam propina em troca de favores públicos. Tanto que em setembro de 2016 o Tribunal de Contas da União abriu um procedimento para investigar a transação entre o banco federal e a J&F. As condições para o empréstimo de R$ 2,67 bilhões, não usuais, pareceram suspeitas. Em depoimento ao Ministério Público, Joesley Batista deu a explicação: para conseguir tal empréstimo, pagou propina para o PMDB da Câmara dos Deputados.

CAPÍTULO 4

Carne podre

O propinoduto da JBS era institucionalizado. O próprio Joesley Batista, em depoimento dado à Procuradoria-Geral da República, afirmou:

"Normalmente acontece o seguinte: se combina o ilícito, se combina o ato lá de corrupção com o político, o dirigente do poder público. E daí para a frente se procede ao pagamento. (...) Até mesmo doação política oficial".

Tais práticas envolviam compra e venda de partidos políticos para ampliação do tempo de propaganda eleitoral gratuita, presidentes de partidos que desviavam dinheiro de propina para seus próprios bolsos, quantias enormes depositadas no exterior, compra de leis, fraude em programas de incentivos fiscais, pagamento de propina para levantamento de empréstimos em bancos estatais.

O delator Demilton Antônio de Castro, por exemplo, informou que, além de atuar em suas atividades normais - gerente do setor de Contas a Receber -, foi encarregado por Joesley Batista de realizar pagamentos de propina por meio de duas *offshores* que a JBS mantinha no Panamá.

Contabilista de São Paulo e conselheiro fiscal da JBS, Florisvaldo Caetano de Oliveira também era encarregado de tais serviços, sempre utilizando dinheiro em espécie.

Para se ter uma ideia do tamanho do propinoduto que funcionou entre 2007 e 2015, Castro controlava uma planilha com cerca de nove mil linhas.

E não eram apenas políticos e agentes públicos os corrompidos pelo esquema. A JBS usava a mesma artimanha para cativar apoio de juízes e procuradores da República. A Operação Patmos, derivada da Lava Jato, levou à prisão o advogado Willer Tomaz e o procurador Ângelo Villela.

De acordo com os depoimentos, o presidente da OAB do Distrito Federal, Juliano Costa Couto, também participou do crime. Couto teria intermediado a indicação de Tomaz para Joesley Batista em troca de um terço dos honorários acertados com ele – no total, R$ 4 milhões adiantados e R$ 4 milhões depois do sucesso da operação: arquivar a ação contra a JBS.

Outro depoimento no mínimo intrigante foi o prestado por Valdir Aparecido Boni, o diretor de Tributos da JBS. Sob o pretexto de promover a agilização para a liberação de créditos legítimos em São Paulo, ele declarou ter realizado pagamentos de vultosas quantias a um "despachante" utilizado para "homologar" créditos de ICMS que a JBS tinha em São Paulo.

De acordo com Boni, os agentes cobravam 8% de comissão sobre os valores de créditos de ICMS homologados. Parte do montante era destinada aos fiscais da Receita Federal. Tal trabalho foi realizado entre 2004 e 2015.

Davi Mariano, um dos envolvidos, teria recebido, entre 2016 e 2017, cerca de R$ 20 milhões pelo serviço.

No Senado, houve um esforço capitaneado pelo presidente Eunício de Oliveira (PMDB-CE) e pelos senadores Renan Calheiros (PMDB-AL), Romero Jucá (PMDB-RR) e Aécio Neves (PSDB-MG) para que as delações não saíssem do papel.

Um dos crimes confessados foi o Mensalinho para Fernando Pimentel, então ministro do Desenvolvimento Econômico, que estruturava sua campanha para o governo de Minas Gerais em 2014.

De acordo com o delator da JBS, a empresa repassava R$ 300 mil mensais para o escritório Andrade, Antunes e Henriques Advogados, em Belo Horizonte, por meio de troca de notas frias. Os pagamentos foram feitos de 6 de agosto de 2013 até 29 de outubro de 2014. Além disso, por solicitação da então presidente Dilma Rousseff, a J&F repassou mais R$ 30 milhões, em 2014, para a campanha de Pimentel ao governo de Minas Gerais.

A J&F destinou ainda dinheiro para bancar a reeleição de sete candidatos do PMDB ao Senado - Renan Calheiros, Vital do Rêgo, Eduardo Braga, Eunício Oliveira, Jader Barbalho, Marta Suplicy e Valdir Raupp. A propina seria de R$ 35 milhões, mas o valor chegou a R$ 46 milhões.

De acordo com Joesley Batista, o valor foi aumentado graças à interferência de Michel Temer. Depois da negociação, Marta Suplicy teria ficado de fora da divisão da verba, por decisão dos próprios peemedebistas.

Marta, entretanto, teria recebido R$ 3 milhões, em parcelas de R$ 200 mil - entre 2015 e 2016.

Já o ex-governador do Ceará Cid Gomes, irmão de Ciro Gomes, também foi citado como recebedor de propina do grupo J&F. Isso ocorreu em duas oportunidades: 2010 e 2014. Segundo Wesley Batista, a empresa se beneficiava de incentivos fiscais do governo do Ceará - esta era a contrapartida.

O valor acertado foi de R$ 4,5 milhões, sendo R$ 3,5 milhões em notas frias e o restante em doação oficial.

Wesley Batista afirmou também que, em tratativas com os secretários estaduais do Ceará Arialdo Pinho, do Turismo, e Antônio Balhmann, de Assuntos Internacionais, houve proposta de pagamento de R$ 110 milhões de créditos à companhia, condicionado ao recebimento dos R$ 20 milhões solicitados para a campanha eleitoral.

Desse montante, foram pagos R$ 9,8 milhões em troca de notas frias, e o restante por meio de doações oficiais.

O governador do Paraná, Raimundo Colombo, também foi beneficiado pelos esquemas. A empresa pagou, entre 2013 e 2014, R$ 10 milhões para o político do PSD - R$ 8 milhões em doação oficial e o restante em dinheiro vivo.

O ex-senador Delcídio do Amaral, quando foi presidente da Comissão de Assuntos Econômicos do Senado Federal, também teria se relacionado com o propinoduto da JBS. De acordo com o delator Ricardo Saud, o senador veiculava pedidos da empresa em emendas e alterações de textos em projetos de lei e medidas provisórias.

Segundo o delator, Amaral teria recebido da JBS um Mensalinho de R$ 500 mil durante dez meses. Além disso, foram emitidos R$ 5,3 milhões em notas frias diversas, de empresas indicadas pelo ex-senador.

O empresário Joesley Batista também interferiu na eleição da presidência da Câmara dos Deputados. Ele teria doado R$ 28,5 milhões para que o ex-deputado Eduardo Cunha comprasse apoio para o cargo. Isso ocorreu no fim de 2014.

Batista relatou que R$ 12 milhões foram entregues em dinheiro vivo, R$ 5,6 milhões em doação oficial ao PMDB e R$ 10,9 milhões foram trocados por notas frias. Cunha foi eleito, em fevereiro de 2015, presidente da Câmara com apoio de 267 deputados.

De acordo com Joesley Batista, houve também pagamento de propina ao então ministro Marcos Pereira, da Indústria, Comércio Exterior e Serviços. A JBS se comprometeu, no fim de 2015, a destinar ao político R$ 6 milhões. De acordo com Batista, houve o pagamento de dois terços do total, sendo que as parcelas foram interrompidas por receio da Operação Lava Jato.

Mas, sem dúvida, o maior peixe do esquema era o então vice--presidente da República Michel Temer. De acordo com Ricardo Saud, R$ 15 milhões foram destinados à "conta corrente do PT" sob a rubrica da "campanha a vice-presidente de Michel Temer". Desse total, R$ 1 milhão teriam sido embolsados pelo próprio Temer. Saud disse:

"O Michel Temer fez até uma coisa muito deselegante, porque nessa eleição eu só vi dois caras roubarem deles mesmos: um foi o Gilberto Kassab e o outro, o Temer. O Temer me deu um papelzinho e disse: 'Olha, Ricardo, tem R$ 1 milhão que eu quero que você entregue em dinheiro neste endereço aqui'. Eu já vi o cara pegar o dinheiro na campanha e gastar na campanha. Agora, o cara ganhar um dinheiro do PT e guardar no bolso dele, isso aí é muito difícil".

Até o tumultuado processo que culminaria no impeachment da presidente Dilma Rousseff teve "investimentos" do propinoduto JBS. Batista disse que se prontificou a ajudar o ex-ministro Guido Mantega a se livrar da CPI do CARF (Conselho Administrativo de Recursos Fiscais) em 2016.

Batista contou que, tempos depois, acabou procurado pelo deputado João Carlos Bacelar, que teria lhe pedido R$ 150 milhões para comprar o voto de 30 deputados contra o impeachment da presidente.

Entretanto, o delator disse que concordou em comprar "apenas" cinco deputados, por R$ 3 milhões cada um. E acabou dando calote de R$ 11,5 milhões no pagamento.

Em 2012, a JBS arrendou e depois adquiriu três unidades de abate de gado em Mato Grosso e uma em Rondônia. Tão logo a operação se iniciou, a empresa se envolveu em um esquema de fraude nas fiscalizações para a concessão de créditos presumidos de ICMS (créditos falsos). Tudo mediante uma propina de 30% sobre o valor sonegado.

Segundo Wesley Batista, houve também esquema de benefícios fiscais em Mato Grosso do Sul. Ali foi acertada uma redução da alíquota de ICMS em troca de pagamento de propina. O esquema teria funcionado de 2003 a 2006. Era estabelecido um valor de 20% de propina sobre o valor economizado pela JBS mediante os incentivos fiscais.

Entre 2007 e 2014, em um modelo semelhante, a JBS teria pago R$ 115 milhões ao governador do Mato Grosso do Sul.

Também houve um esquema para desonerar o setor de frangos. Neste caso, o acerto foi feito com Eduardo Cunha – R$ 20 milhões, que seriam destinados a deputados federais para que fosse mantida a alíquota de 1% para o setor de frangos. Joesley Batista chegou a negociar um desconto de R$ 5 milhões. De acordo com o empresário, Temer era conivente com o esquema.

Havia ainda um esquema de propinas para interferir em ações do Ministério da Agricultura. Batista afirma que se beneficiou de decisões da pasta após destinar pelo menos R$ 7 milhões em propina a Eduardo Cunha e Lúcio Funaro.

O tesoureiro do PT, João Vaccari, recebeu dinheiro de Joesley Batista, conforme depoimento. Por meio de um banco nova-iorquino, o empresário teria destinado mais de US$ 23 milhões ao tesoureiro.

O propinoduto também chegou ao ninho tucano. No caso, do senador Aécio Neves. Em diálogo interceptado pela Polícia Federal, o político conversava com a irmã, Andrea Neves, sobre as notícias que saíram sobre ele na imprensa depois da delação de executivos da Odebrecht. Um mês mais tarde, seu nome entrou para o epicentro dos escândalos.

De acordo com Saud, Joesley Batista havia acertado pagar R$ 2 milhões ao senador. No mesmo dia, a irmã de Neves procurou o empresário oferecendo a ele um apartamento em São Conrado, zona sul do Rio de Janeiro, por R$ 40 milhões.

O grupo JBS destinou R$ 80 milhões para a campanha presidencial de Aécio Neves em 2014.

A JBS também teria pago propina para apertar a fiscalização a pequenos frigoríficos concorrentes. Saud contou que pagou propina ao jornalista e dono da editora Geração, Luiz Fernando Emediato, quando este era assessor especial do ex-ministro do Trabalho Brizola Neto, em 2012 e 2013.

A JBS se queixava de estar sofrendo fiscalização desleal. Emediato topou ajudar a intensificar essa fiscalização da concorrência, cobrando para isso R$ 20 mil por empresa – o valor total teria chegado a R$ 2,8 milhões.

Em 2012, quando a JBS estava prospectando novos negócios, houve um convite do governador do Rio, Sérgio Cabral, para um almoço no Palácio da Guanabara. Eles foram chamados a investir no estado.

Para facilitar os negócios, Cabral queria entre R$ 30 milhões e R$ 40 milhões, que seriam destinados à campanha de seu sucessor Luiz Fernando Pezão. Do total, R$ 5 milhões foram repassados em dinheiro vivo.

O político Gilberto Kassab teria sido outro beneficiado de esquemas da JBS. Entre janeiro de 2010 e janeiro de 2017, a empresa pagou a ele uma mesada de R$ 350 mil.

"Por que pagávamos? Porque o Kassab foi ministro por algumas vezes, era uma pessoa que nós considerávamos de alguma influência, tinha sido prefeito, em algum momento poderia ser governador, vice-governador ou ministro de novo, como é hoje", declarou Wesley Batista quando Kassab era ministro das Comunicações de Michel Temer.

Ainda houve propina para que o grupo JBS conseguisse os R$ 2 bilhões do BNDES para a construção da Eldorado Brasil Celulose. Conforme relatou Joesley Batista, a empresa teve de pagar 4% do total – ou seja, R$ 80 milhões – ao ex-ministro da Fazenda Guido Mantega. Outros participantes do esquema teriam recebido 1% de propina.

Lúcio Bolonha Funaro afirmou que, entre 2011 e 2015, atuou como operador de propinas do PMDB com diversas empresas do grupo J&F. Ele teria intermediado com o então vice-presidente de Pessoa Jurídica da Caixa, o ex-ministro Geddel Vieira Lima.

Funaro citou a aprovação de operações financeiras para a própria J&F Holding e para as empresas Seara, Eldorado, Vigor, Flora e Alpargatas, no montante de R$ 5 bilhões, tendo rendido R$ 170 milhões, valor que foi dividido com Geddel Vieira Lima, Eduardo Cunha e Henrique Alves.

Joesley Batista afirmou também que pagava propina para que pleitos do grupo não fossem atrapalhados pelos burocratas do governo. O ex-ministro da Fazenda Guido Mantega era o responsável por encaminhar as questões e negociar, caso a caso, a propina a ser destinada.

Batista revelou que manteve, no exterior, duas contas para depositar a propina que foi negociada durante os governos Lula e Dilma. Um total de US$ 150 milhões.

"Os pagamentos de propina não se destinavam a garantir a realização de operações ilegais, mas sim evitar que se criassem dificuldades injustificadas para a realização de operações legais", justificou Batista, ressaltando que os pagamentos eram discutidos abertamente por ele com ambos os ex-presidentes.

O Judiciário não passou incólume nesse propinoduto. Em setembro de 2017, a Procuradoria-Geral da República, em Brasília, recebeu de Pedro Bettim Jacobi enorme quantidade de documentos (e-mails, áudios e mensagens de WhatsApp) que indicam que a JBS atuava, insistentemente, para comprar decisões judiciais favoráveis à companhia em tribunais superiores de Brasília.

As conversas criminosas teriam ocorrido entre o diretor jurídico da JBS, Francisco de Assis e Silva, e a advogada Renata Gerusa Prado de Araújo, que também trabalha para a JBS.

A denúncia recebida pela Procuradoria-Geral da República envolve, pelo menos, três ministros do Superior Tribunal de Justiça (STJ): Napoleão Maia, Mauro Campbell e João Otávio Noronha.

O ministro do STJ Napoleão Maia é citado como tendo recebido pagamento para a liberação de R$ 73 milhões que haviam sido bloqueados do grupo e do diretor Valdir Aparecido Boni, em razão de fraude na concessão de incentivos fiscais em Mato Grosso.

O juiz de Mato Grosso Luis Aparecido Bortolucci havia negado o desbloqueio das contas e por isso a empresa recorreu ao STJ, tendo recebido a decisão favorável do ministro Napoleão Maia.

CAPÍTULO 5

Carne fraca

O ano de 2016 no Brasil terminou com profundas crises político--econômicas, culminando com o impeachment de Dilma Rousseff. Em meio a esse cenário desfavorável, a JBS S.A. apresentou seu balanço com uma receita líquida de R$ 170,4 bilhões e lucro líquido de R$ 376 milhões.

As projeções do CEO do grupo, Wesley Batista, vislumbravam um 2017 ainda melhor. O que ele não podia imaginar era que o Ministério Público Federal e a Polícia Federal seriam ferozes contra os irmãos Batista.

Os problemas começaram a se tornar públicos em 17 de março de 2017, com a deflagração da primeira fase da Operação Carne Fraca, tida como a maior já realizada na história da Polícia Federal. No total, foram às ruas 1.100 agentes, com a missão de cumprir 309 mandados em seis estados e no Distrito Federal – 27 mandados de prisão preventiva, 11 de prisão temporária, 194 de busca e apreensão e 77 de condução coercitiva.

De acordo com as investigações, mais de 30 empresas e fiscais do Ministério da Agricultura se beneficiaram de um esquema para liberar a venda de carne imprópria para o consumo. A propina ia parte para o PMDB – partido do presidente Michel Temer – e parte para o PP – da base aliada do governo, tendo como membro o então ministro da Agricultura, Blairo Maggi.

A operação afastou 33 servidores do Ministério da Agricultura, com quatro exonerações. Três unidades de beneficiamento de carne foram interditadas: a BRF em Mineiros (GO), e as unidades da Peccin em Jaraguá do Sul (SC) e Curitiba (PR).

Ainda segundo as investigações, Seara e Swift (do grupo JBS) e Sadia e Perdigão (BRF) adulteravam carnes vendidas tanto no mercado interno quanto no externo. Entre as artimanhas, desde a mudança da data de validade até o uso de embalagem imprópria – passando pela maquiagem do aspecto do produto com o uso de materiais químicos, como o ácido ascórbico.

Gravações registraram interferência do então ministro da Justiça de Temer, Osmar Serraglio (PMDB-PR), no esquema – ele foi grampeado conversando com o fiscal agropecuário Daniel Gonçalves Filho.

Maria do Rocio Nascimento, ex-chefe do Departamento de Inspeção de Produtos de Origem Animal (Dipoa) do Paraná também foi apontada como parte do esquema criminoso. Ela teria recebido um apartamento em Gramado "em razão de irregularidades praticadas no interesse da empresa BRF" – além de dinheiro, que superou em 40% seus vencimentos.

No caso da JBS, as marcas Big Frango e Seara foram as que apareceram no rol das investigações. Foi alvo da operação o ex-gerente executivo da Big Frango de Rolândia (PR), o engenheiro de alimentos Roberto Mülbert. Ele foi gravado em conversa com Nascimento, na qual pedia orientações sobre uso de embalagens antigas.

No caso da outra empresa do grupo JBS, a Seara Alimentos, o envolvido foi o veterinário Flávio Evers Cassou, preso preventivamente pela Polícia Federal. Para os investigadores, a relação dele com Nascimento era "quase societária".

O grupo J&F Investimentos, controlador da JBS, estava sendo investigado em outras frentes. A Operação Bullish focava nos negócios bilionários da empresa com o BNDES. A Operação Greenfield estava de olho nas operações financeiras da Eldorado Brasil Celulose. A Sépsis, desdobramento da Lava Jato, investigava as operações na Caixa Econômica Federal.

Com o cerco se fechando, os irmãos Batista decidiram dar uma cartada final. Foram à Procuradoria-Geral da República e propuseram um acordo de leniência que preservasse os negócios de seu conglomerado. Pelo tratado, eles delatariam crimes praticados pela companhia envolvendo políticos e agentes públicos. Em contrapartida, teriam benefícios – principalmente um resguardo da possibilidade de prisão.

Para se chegar aos termos de delação que seriam oferecidos à PGR, o empresário Joesley Batista se reuniu em uma sala com o irmão Wesley e cinco executivos de confiança do grupo: Ricardo Saud, diretor de Relações Institucionais da J&F; Demilton Antônio, diretor financeiro da JBS; Valdir Boni, diretor de tributos da JBS; Florisvaldo Caetano de Oliveira, contador da empresa de contabilidade F. F. Ltda. e ex-conselheiro fiscal da JBS; e o advogado Francisco de Assis e Silva, diretor jurídico da J&F.

Em 19 de fevereiro de 2017, o diretor jurídico do grupo J&F, Francisco de Assis e Silva, conversou com o procurador da República do Distrito Federal Anselmo Henrique Cordeiro Lopes. Ali ficou acertado que os irmãos Batista iriam colaborar com a Justiça por meio de delação premiada.

Duas semanas mais tarde, o empresário Joesley Batista, teoricamente por iniciativa própria, foi ao Palácio do Jaburu para uma conversa privada – e fora da agenda oficial – com o presidente Temer. Foram 30 minutos gravados, com diálogos comprometedores.

Na conversa, o presidente Temer deu ao empresário a informação privilegiada de que o Copom (Comitê de Política Monetária do Banco Central) iria reduzir a taxa Selic em 1%.

Joesley Batista fala sobre sua "relação" com pagamentos que vinha fazendo para manter calado o ex-presidente da Câmara dos Deputados Eduardo Cunha, preso desde 19 de outubro de 2016.

"Muito bem. Tem que manter isso aí, viu?", respondeu Temer.

O empresário prosseguiu. Disse ao presidente que "segurava" dois juízes e um procurador dentro da força-tarefa do MPF e que batalhava para trocar o procurador de uma das operações que o investigava. Joesley disse ainda a Temer que pagava R$ 50 mil por mês ao procurador da República – depois se soube o nome – Ângelo Goulart Vilella, da Operação Greenfield.

Em outro trecho, Michel Temer fala da importância da união dos empresários para fazer pressão sobre o Congresso Nacional. Pelo contexto, parece que o presidente se referia à aprovação da anistia ao Caixa 2 da Lei de Abuso de Autoridade.

Quando Batista pede ao presidente que indique outro interlocutor no lugar do ex-ministro Geddel Vieira Lima – o homem dos R$ 51 milhões apreendidos em Salvador –, Temer cita o deputado federal Rodrigo Rocha Loures.

Na conversa, o presidente deixa clara a influência do empresário na escolha do ministro da Fazenda – Henrique Meirelles. Batista pede a Temer autoridade para "falar grosso" com o ministro.

"Tá bom, pode fazer isso", responde o presidente.

O empresário reclama da presidente do BNDES, Maria Silvia Bastos. Ouve de Temer que o banco estava com R$ 150 bilhões em caixa. Na conversa, fica a porta aberta: via ministro Meirelles, Batista conseguiria mais empréstimos do banco estatal.

Temer ainda recomenda ao empresário que nas próximas visitas entre sempre pela garagem. Ele também elogia o período noturno, para que não haja presença da imprensa.

Poucos dias depois, o advogado Assis e Silva relatou o encontro aos procuradores da República.

Joesley Batista seguiria as orientações de Temer. Encontrou-se com Rocha Loures em 13 e 16 de março. Na primeira das conversas, o empresário disse ao político que haveria algumas "posições-chave" no Cade, na Comissão de Valores Mobiliários (CVM), na Receita Federal, no Banco Central e na Procuradoria-Geral da Fazenda Nacional, que precisavam de pessoas capazes. Enfatizou que seu objetivo era solucionar de vez ou auxiliar no destravamento de negócios de seu conglomerado.

O então deputado aproveitou para dar uma dica para que Joesley usasse numa próxima eventual visita ao Jaburu:

"Quando você for, quando chegar, e o cara perguntar, teu nome é Rodrigo".

No segundo encontro, Batista pediu a intermediação de Rocha Loures ao Cade para resolver a "pendenga" com a Petrobras quanto ao fornecimento de gás natural para a Termoelétrica de Cuiabá, da empresa Âmbar Energia, do grupo J&F.

O empresário disse ao deputado que a termoelétrica tinha potencial de lucrar R$ 1 milhão ou mais por dia. E sugeriu uma propina de 5% sobre o lucro obtido.

"O Temer mandou eu falar, eu vou falar é com você, nós vamos abrir desse negócio aí cinco por cento", concordou o político.

Rocha Loures decidiu ligar imediatamente para Gilvandro Vasconcelos Coelho, conselheiro e presidente interino do Cade.

O empresário e o deputado ainda conversaram sobre a CVM. Batista queria dominar o órgão, para não ser incomodado em suas "traquinagens" – como ele dizia sobre o bilionário pagamento de propina feito pelo grupo. Batista queria saber quem seria o próximo presidente da CVM. Rocha Loures ligou para Eduardo Refinetti Guardia, secretário executivo do Ministério da Fazenda – nomeado por Henrique Meirelles.

– Você podendo, amanhã, ô Eduardo, você comenta com o presidente, se você tiver oportunidade, e sem que outros possam acompanhar com você essa conversa – disse Rocha Loures.

– Sim.

– Fale da CVM. Diga: olhe, presidente, estamos prontos pra fazer o movimento, é bom porque, porque essa coisa de mercado de capitais, hoje foi um dia bom, e acho que nesta questão, da, da, enfim, do que vem pela frente, apesar das más notícias aí da Lava Jato e tal, do ponto de vista da opinião pública, essa confusão da política, o leilão de hoje foi bom, acho que os próximos dias vão ser bons também, não é, e esse, enfim, esse nome da CVM, se você tá confortável, vamos matar o ponto, né?

– Não, é bom você ter me avisado, nunca... interferências pra CVM.

– É, mas deixa eu dizer, deixa eu dizer, tempos, tempos modernos, como diz o Charlie Chaplin, né?

– Você sabe de onde tá vindo o tiro...

– É, esse depois a gente fala pessoalmente, se for o caso.

– Não tem problema.

– Mas, aproveitando, se falar com o presidente, se é, o importante é que seja um homem do ministro Meirelles, validado por você, e que seja uma pessoa aí, um profissional, que seja intenso, não é, a um tipo de abordagem.

– Ah, é, esse cara é à prova de bala, um cara de primeira linha.

– Que bom, que bom.

Quanto ao destravamento das compensações de créditos de PIS/Cofins com débitos do INSS, pretendido pela J&F, era um assunto que estava sob o domínio da Procuradoria-Geral da Fazenda Nacional (PGFN[2]), onde o então deputado federal Rodrigo da Rocha Loures afiançou ter um amigo, uma pessoa com quem tinha boa relação. Esse homem era Jorge Rodrigo Araújo Messias – o "Bessias", que ficou famoso durante o episódio da tentativa frustrada da então presidente Dilma Rousseff de tornar o ex-presidente Lula seu ministro-chefe da Casa Civil.

– Verifique onde está a resistência técnica – prosseguiu Rocha Loures. – Verificada a resistência técnica, eu tenho uma reunião com os líderes formais, que no caso é o Guardia [Eduardo Refinetti Guardia]. Aí o Guardia conduz isso pra nós, inclusive pra você ter uma ideia, quem é que tá na PGFN, você lembra do, do..., ficou famoso, o nome dele não é esse, mas o Bessias, que era o secretário jurídico da presidente Dilma, que é o Rodrigo Messias.

– Humm.

– O Messias terminou a quarentena, ele voltou pra PGFN.

– Humm.

– Então basta um Messias. Isso, vamos imaginar: se a missão do Messias, lá na PGFN, for parar tudo que o governo quiser fazer enquanto, basta um Messias, que é sabido, o Messias para.

– É!

– Basta um.

– É isso mesmo.

– Então, por exemplo, o Messias, com quem eu tenho boa relação, voltou agora, voltou na semana passada pra PGFN, esse meu amigo lá me contou, então é, eu queria, se possível, não volta, não precisa ser você, alguém lá.

---

2 Procuradoria-Geral da Fazenda Nacional (PGFN) é um dos órgãos de direção superior da Advocacia-Geral da União, no qual atuam os procuradores da Fazenda Nacional, sob a chefia do procurador-geral da Fazenda Nacional.

No dia 7 de abril, Joesley Batista apresentou elementos, com o possível envolvimento do presidente em crimes de corrupção, para fundamentar sua delação premiada. Além da gravação, foram entregues 42 anexos.

A partir de então, começaram as chamadas "ações controladas", pelas quais as conversas e mensagens seriam fiscalizadas com o objetivo de se transformarem em provas futuras para compor o conjunto preparado pelos executivos. Tudo vislumbrando os prêmios judiciais previstos pela negociação.

No dia 24 de abril, o diretor de Relações Institucionais da J&F – ou seja, o diretor das propinas do conglomerado –, Ricardo Saud, a mando de Joesley Batista, encontrou-se com Rocha Loures.

O assunto principal era a Empresa Produtora de Energia de Cuiabá – no caso, a renovação de contrato de fornecimento de gás natural pela Petrobras e, claro, o pagamento da propina acertada.

Conforme anotações de Saud, o pagamento acertado seria de R$ 500 mil por semana, quando o PLD[3] fosse fixado com o preço entre R$ 300 e R$ 400/MWh, e de R$ 1 milhão quando o PLD ultrapassasse os R$ 400/MWh.

Eles também conversaram sobre a atuação do ministro Edson Fachin, relator do Supremo Tribunal Federal da Operação Lava Jato. A preocupação com a blindagem de Eliseu Padilha, então ministro da Casa Civil de Temer.

– Ele [Padilha] não deixará o governo logo. Mas ele será afastado logo.

– Isso que eu tô falando. [Inaudível] Agora, não tem um jeito de conversar com o Fachin, não?

– Eu acho que ele tá...

– Porque o Fachin pediu muita ajuda para o PMDB na época. O Temer foi... ajudou você também? Me ajudou a controlar o Renan [Calheiros, então presidente do Senado].

– De onde é o Fachin?

– Ah, é mesmo... porra, véi, é lá da sua terra. Então, não tem jeito de...

– Eu não estive com ele este ano ainda.

---

3 O Preço de Liquidação das Diferenças, mais conhecido como PLD, determina os preços do mercado de curto prazo e é a base para o Mercado Livre de Energia.

– Não, faz assim. Não é para fazer nada de errado. Deixa isso aqui por enquanto, não mexe lá com o governo...

– Eu acho que não tem... mas ele é um belíssimo ministro do STF.

Quatro dias depois ambos voltariam a se encontrar. Para que Saud entregasse uma mala de dinheiro a Rocha Loures. No total, R$ 500 mil. O local marcado foi no Café Il Barista, no terceiro andar do Shopping Vila Olímpia, zona sul de São Paulo. Eles chegaram ao local às 16h23.

A Polícia Federal foi avisada por Saud, já que o encontro fazia parte das ações controladas e negociadas entre os delatores e o Ministério Público Federal.

Do café eles se dirigiram para o restaurante Pecorino, no mesmo piso do shopping. Rocha Loures entrou no assunto dos "honorários", ou seja, da propina. Ele insistia na ideia de emissão de nota fiscal por uma empresa de sua relação:

– Agora, me diz uma coisa, Ricardo, com relação... Com relação a esses honorários aí, não tem como fazer...

– (Ininteligível).

– ... de outra forma?

– Tem, ué, mas o cara. A nota é de um cara da sua confiança total?

– É.

– Empresa...

– O problema é o seguinte...

– Empresa antiga?

– É, é.

– Pode fazer.

– Não. Deixa eu te dizer. Os canais tradicionais tão todos obstruídos.

– Claro...

– Então, o que que acontece? Precisa... é... questão é... a questão da estrutura. Então, a ideia era verificar nessa questão dos honorários uma forma tranquila de fazer isso sem que houvesse...

– Não... mas aí tem o imposto, né?

– Não... não... não, eu sei disso. Aí, é... Mas não... não convém, ou pode ser até que convenha, mas aí eu não [conhe...] eu não conheço o [Sará]. Como é que é? Quem é que toca isso?

– Aí... a... a... a... a Âmbar?

– Âmbar... Âmbar.

– Não, não faz na Âmbar, não, porque a Âmbar é a de energia. E você mexeu no setor de energia. Aí eu faço numa outra, nem JBS também nem nada. A gente faz... Vigor, um trem assim. Que não chama atenção. Agora, eu preciso saber o seguinte...

– Eu acho que a gente pode...

– Quem que é a empresa?

– A empresa pode ser... (ininteligível).

– Não sei...

– Que você inclusive...

– É a mesma minha, véio.

– Inclusive é uma preocupação é... em primeiro lugar com a questão... naturalmente uma preocupação legítima e com (ininteligível).

– Claro...

Ambos aventaram possibilidades de lastrear a propina. Rocha Loures sugeriu a celebração de um contrato fictício para dar aparência de legalidade. Saud insistiu que preferia pagar em dinheiro vivo. E ainda confessou que a JBS vendia mercadoria à vista sem nota fiscal, sonegando imposto e isentando os "mercadinhos" de pagar impostos e que, com isso, teria dinheiro para as transações.

– O que precisaria [identificar] é um grau de conforto, né? Que vocês...

– É...

– É...

– Porque, para nós, a gente consegue porque pra nós é fácil. Nós temos a venda à vista. Por que que o dinheiro pra nós é melhor? Porque eu tenho a venda à vista. O que eu recebo em dinheiro à vista eu não deposito.

– [Quanto cê ganha] à vista?

– Porra, véio. Nesses mercadinhos aí tudo que você imagina, tudo é à vista. Nego não paga imposto.

– E como é que vocês transportam essas (ininteligível)?

– Não, é um milhão, dois, três, não é muito dinheiro, não. É...

– Porque...

– Uma outra coisa, é o seguinte: a nota... o que que acontece na nota? Se você me falar, Ricardo, a empresa é "x", o cara é amigo da gente, conhecido, ele vai recolher os impostos direitinho.

– É... Legal.

– Entendeu? Porque... Porque se o cara depois não recolhe imposto...

– Daí fica tudo descoberto...

– É... Entendeu? O grande problema de não...

– (Ininteligível) muito boa essa aqui.

– É boa. O grande problema, sabe qual que é? O maior problema de nota? É o seguinte: se fosse uma empresa, por exemplo, seu irmão, eu não teria...

– Não, mas não é.

– Não, eu tô dando um exemplo.

– (Ininteligível).

– É. Não. Eu tô dando um exemplo falando assim, ó. Se fosse seu irmão, não podia fazer nunca, mas por outro lado seria bom porque o cara cê sabe que vai pagar imposto (ininteligível) [direitinho]. O duro é quando a gente arruma um amigo pra fazer...

– E ele se desorganiza, é desorganizado...

– É. Aí você começa a faturar, por exemplo...

– (Ininteligível).

Saud explicou o esquema. Os pagamentos seriam feitos no estacionamento da Escola Germinare, da JBS, perto dali, na Marginal Pinheiros.

– Eu acho que não precisa de nota (ininteligível) nada. O cara tem um carro blindado, é um cara experiente, acabou. E lá dentro é muito seguro, não tem nada, entra pela escola. Não entra pela JBS, não. Dá a volta, entrada da escola, eu vou falar com o professor Ricardo. Que eu sou professor lá mesmo.

Ricardo Saud deu a entender que a JBS e outras empresas do grupo J&F (Flora e Vigor) usavam a Germinare para fazer pagamentos de propina.

– Tem vez que ele pode até levar uma caixa de isopor, estar buscando carne, entendeu? Ó, e minha carne aí. Tá... muita gente faz isso. Eu acabo pondo umas picanhas por cima assim. Tal. Não tem imposto, não tem nada. (...) Acho que lá, se for o cara [da confiança de vocês], pô, eu já entreguei dinheiro demais para o coronel lá, nunca deu problema.

– Nunca deu problema? Porque é muita (ininteligível). Esse é o problema.

– É o quê?

– Esse é o problema.

– (Ininteligível).

– O coronel não pode mais. E outros não podem mais.

– Ah, ele não pode mais? Ah, se fosse ele, não teria problema nenhum. Eu e ele. Não três... Vai na escola.

Descartada a hipótese de usar o coronel [coronel aposentado da Polícia Militar de São Paulo, João Batista Lima Filho, proprietário da empresa Argeplan], os dois especularam sobre outros nomes, como o de [Antônio] Celso [Grecco], dono da Rodrimar, no Porto de Santos, amigo de longa data do presidente da República, Michel Temer.

Aventaram também a possibilidade de a propina ser recolhida pelo xará de Ricardo Saud, Ricardo [Conrado] Mesquita, pessoa também ligada à Rodrimar.

Em diálogo subsequente, Ricardo Saud esboçou certo desconforto em ter que operar com Ricardo Conrado Mesquita, já que havia realizado, segundo ele, muitos "trabalhos" envolvendo essa empresa.

– Pra mim é mais confortável, sim. O Edgar.

– (Ininteligível) você não o conhece e ele também não te conhece.

– É. Tá. Porque... o problema é o seguinte. Que... a gente já fez muito negócio lá com o Ricardo e com o Celso. Bom. Se é da confiança do...

– Não...

– Chefe, não tem problema nenhum.

– Não, você é que tem que dizer, porque, na realidade (ininteligível), se você não tá confortável, então você não tá confortável, ponto.

No relatório da Polícia Federal é destacado que, mais uma vez, ao lhe ser apresentada uma alternativa operacional, Ricardo Saud fez alusão direta ao presidente, nos exatos termos: "E o presidente confia nele a esse ponto? Sério?". Ao que Rocha Loures respondeu: "Muito", dando força à hipótese de que o presidente Michel Temer estaria vinculado àquela operação.

E Rocha Loures ainda explicou: "Lá tem um amigo... O Celso é muito amigo dele", no que Ricardo Saud comenta: "É? Ele é muito amigo do presidente, do nosso presidente...". "Ele é", responde Rocha Loures.

Então ambos foram ao estacionamento do shopping. O então deputado optou por não pegar a mala com os R$ 500 mil no porta-malas do carro de Saud. Agendaram outro encontro, na sequência, na Pizzaria Camelo, nos Jardins.

Às 17h23, Rocha Loures ligou para Ricardo Mesquita, da Rodrimar, e o orientou a ir até a pizzaria.

– Então, eu vou. Eu acho que vou fazer o seguinte: você me encontra na... Vá direto pra... do lado da... Você tem como ir na Pizzaria Camelo? Que é ao lado de onde eu vou passar agora? Daí eu vou...

– Sim, sim, ali é mais fácil ainda...

– Então, vá pro... Vá, por favor, para a Pizzaria Camelo, tá bem?

– Tá bom. Fechado.

– Eu tô indo pra Pizzaria Camelo agora. Obrigado!

Às 18h30, o então deputado entrou na pizzaria. Não carregava nada. Ficou alguns segundos com Saud e recebeu dele uma mala preta. Entrou em um táxi, que já o aguardava, e foi para a casa de sua mãe.

Em depoimento em 3 de maio, Joesley afirmou que ele pagava propina para todo empréstimo contraído pela J&F Participações S.A. com a Caixa Econômica Federal. A taxa chegou a ser de 3,5%, de acordo com ele, e os endereçados eram pessoas ligadas ao PMDB. Em 20 de junho, o lobista e conhecido operador do mesmo partido, Lúcio Bolonha Funaro, deu depoimento confirmando a história. Ele usou como exemplo a operação de R$ 2,7 bilhões liberada para viabilizar a compra da Alpargatas.

Batista ainda afirmou que os R$ 500 mil entregues a Rocha Loures destinavam-se ao grupo conhecido como "PMDB da Câmara". Saud ressaltou que o deputado era um mero intermediário e que o dinheiro iria para Michel Temer.

– Com as minhas palavras, eu tenho certeza absoluta que nós tratamos de propina com o Temer, nunca tratamos de propina com o Rodrigo. Rodrigo foi um mensageiro que o Michel Temer mandou pra conversar com a gente, pra resolver os nossos problemas e pra receber o dinheiro dele.

O procurador da República o questionou:

– Isso também é a visão que o Joesley passou para você. Quem teve pessoalmente contato com o Temer para esse assunto foi o Joesley?

– Foi o Joesley.

– E ele passou essa visão?

– Eu tô afirmando pro senhor, porque nós não tratamos de propina com o Rodrigo Rocha Loures.

Rodrigo Rocha Loures foi preso preventivamente em 3 de junho de 2017. O procurador-geral da República, Rodrigo Janot, afirmou, no pedido de prisão, que Rocha Loures é um "homem de total confiança" e "verdadeiro *longa manus*" do presidente da República, Michel Temer.

Michel Temer foi denunciado ao Supremo Tribunal Federal por corrupção passiva, por valer-se da interposição de Rocha Loures para aceitar vantagem indevida, em razão da função.

Mas os trâmites não permitiram que ele fosse investigado enquanto presidente. A Câmara dos Deputados não deu autorização para o inquérito criminal se desenrolar. Edson Fachin determinou, então, que o processo fosse desmembrado e a ação congelada até o término de seu mandato.

No dia 7 de setembro de 2017, Joesley Batista deu um depoimento à PGR no qual precisou explicar a conversa de quatro horas que teve com Saud em 17 de março, dez dias após aquela gravação do encontro com Temer.

Segundo o empresário, aquilo havia sido uma conversa entre bêbados. O empresário apostava que nada de pior iria lhe acontecer, mesmo depois de confessar tantos crimes cometidos.

– Ricardo, nós somos... nós somos a joia da coroa deles. O Marcelo [Miller] já descobriu e já falou para o [Rodrigo] Janot: "Janot, nós temos o cara, nós temos o pessoal que vai dar todas as provas que nós precisamos". (...) Sabe qual a chance de eu ser preso? Nenhuma. Zero. Não precisa dar explicação nenhuma. Por quê? Porque não vai. Não tem nenhuma chance. É o seguinte: vamos conversando tudo, nós vamos tocar esse negócio. Nós vamos sair lá na frente. Queria tranquilizar todo mundo, eu não vou ser preso, ninguém vai ser preso. (...) Nós vamos sair amigos de todo mundo e nós não vamos ser presos. Pronto. E nós vamos salvar a empresa.

E a conversa desandou para Joesley falando para Saud como deixava sua mulher, Ticiana Tanajura Villas Boas, fora de sua vida extraconjugal. Confidenciou seu plano:

– Eu já tenho a história pronta. Eu vou começar no dia, de manhã cedo. Eu vou acordar dizendo assim: "Quero me separar". Nós vamos passar o dia em crise. "Quero separar." "Não, eu te amo." "Eu quero separar, eu não te mereço." Aí vai... "Eu não te mereço, eu não sou o homem certo para você." Aí, quando ela jurar que me ama e tal, eu vou falar: "Então, hoje à noite o William Bonner vai dar uma notícia..."

A língua foi ficando mais solta. Joesley confessou ao comparsa que estava a fim de comer "umas veinhas de uns cinquenta anos e casadinhas".

Com relação à Operação Carne Fraca, o empresário disse a Saud que o MPF havia feito uma operação "de dar risada". E com suas reiteradas bravatas, afirmou que, se estivesse em frente ao procurador Rodrigo Janot, diria que aquilo tinha sido "coisa de menino, uma operação idiota".

– Para, Ricardinho... Na escola que eles estudam, nóis é professor.

Ousado, o empresário dizia até que poderiam "organizar" o Supremo Tribunal Federal usando o ex-ministro da Justiça José Eduardo Cardozo para obter dados comprometedores de ministros da Corte Suprema. Sugeriu que poderia até "dissolver o Supremo", usando para isso possíveis gravações que seriam feitas com o ex-ministro Cardozo.

– O Zé vai entregar tudo... A gente vai falar de dois só, nós só vai entregar o Judiciário e o Executivo, a Odebrecht moeu o Legislativo, nós vamos moer.

Eles também conversaram sobre o impacto das gravações que Joesley Batista fez do presidente da República.

– Porra! Virar essa página, nem lembrar disso, mais nunca... E nós não vamos poder mais fazer rolo mesmo. Acabou. Com essa história aqui, acabou. Nós não vamos fazer rolo mais nunca.

– Até porque ninguém vai querer fazer com a gente mesmo – completou Saud.

– Lógico. Não tem maior governança do que isso. Primeiro: um negócio desses, você se autoprendeu, se autoisolou. Segundo: você "se autocompliance", porque ninguém mais vai fazer rolo com você. Ninguém vai ter coragem de ter uma conversa meio assim com você... "Rapaz, esses caras denunciaram o presidente da República, tá louco? Vai fazer rolo com esses caras?". Ou seja, nós nunca mais vamos ganhar a vida fazendo rolo. Pronto!

– Graças a Deus já não precisa mais mesmo, então pronto.

A perícia da Polícia Federal recuperou outra gravação comprometedora. Provavelmente no dia 27 ou 28 de março, em um carro, os delatores conversavam após a reunião em que relataram à PGR as gravações secretas com Temer e Rocha Loures.

Joesley Batista estava animado com a perspectiva de fechar o acordo de delação premiada. Mas se preocupava com a possibilidade de anulação dos benefícios conquistados pelo acordo. Segundo ele, era preciso tomar cuidado.

– É a goleada deles [procuradores], sabe o que é? Você vir aqui, ajoelhar no milho, contar tuuuuudo e deixar um rabinho de fora. Aí vem outro, conta, e ele derruba seu acordo. Aí você ficou com cara de idiota. Ou seja, ele pegou tudo e te fodeu.

Ele não disse isso à toa. Na conversa com Saud e o advogado Francisco de Assis e Silva, o empresário deixou claro que a JBS mantinha outras gravações longe dos ouvidos dos procuradores da República, com quem negociava a delação.

– Você [Saud] quase pisou na bola, falou que gravou. Cai fora. Deixa só eu gravando. Sorte que não encompridou a conversa. Deixa que sou eu porque aí, pronto. Um filho da puta de plantão e acabou. E completa ao final: quatro horas e quarenta de gravação.

Em outro áudio, Joesley Batista falou sobre como enxergava a "onda" de delações, que, em sua visão, iria acabar no Judiciário, sendo para ele motivo de risada.

A advogada Fernanda Tórtima[4] elogiou a postura de Batista. Afirmou que se alguém dissesse a ela qualquer coisa sobre ele e o irmão Wesley,

4 Fernanda Tórtima atuou, juntamente com o advogado da JBS, Francisco de Assis e Silva, na negociação do acordo com a Procuradoria-Geral da República.

ela não acreditaria e "botaria a mão no fogo, dizendo que não deram R$ 1,00 para ninguém".

Joesley gargalhou e respondeu:

–Não demos porra nenhuma, só corrompemos tudo.

Em outro áudio recuperado pela PF, Joesley Batista conversava com o deputado federal Gabriel Guimarães (PT-MG) que, a partir de 2013, passou a usar seu escritório de advocacia para receber R$ 5,6 milhões de propina destinada ao governador Fernando Pimentel (PT-MG).

Joesley afirmou que sem Renan Calheiros e Geddel Vieira Lima, o Congresso Nacional teria perdido o rumo e ficado "sem agenda". O deputado petista concordou, enfatizando que os políticos estão acomodados por causa do foro privilegiado. Ele propunha uma espécie de "Refis" para crimes eleitorais.

Segundo sua proposta, a saída legislativa seria para beneficiar os políticos e os empresários envolvidos com Caixa 2 de campanha. Para Gabriel, o político deveria confessar seus crimes eleitorais e ficar "uma eleição sem poder se candidatar", para se livrar de uma ação judicial:

– Sabe qual que é a segurança de todos hoje? O foro que, ou vai acabar no Supremo, ou acaba no final do ano, porque o político não se elege.

Joesley Batista comentou sobre a decisão de se tornar um delator ou não:

– Ô meu, é a coisa mais simples do mundo, porque se você tem problema e o problema é, como se diz, batom na cueca, ô meu, corre lá e faz a porra da delação.

CAPÍTULO 6

Carne dura

No dia 8 de setembro de 2017, Rodrigo Janot pediu a prisão de Joesley Batista e do ex-executivo da J&F Ricardo Saud, com análise feita pelo ministro do STF Edson Fachin.

Justificava a prisão a avaliação de que o discurso dos investigados era somente para manter a validade do acordo – mas os fatos narrados eram especialmente graves, principalmente pelo acordo entre os executivos de deixar de fora alguns crimes, algo proibido pela legislação específica.

No dia 10 de setembro, Batista e Saud anunciaram que iriam se entregar. Eles se apresentaram na Superintendência da Polícia Federal, na Lapa, em São Paulo. No dia seguinte foram transferidos para Brasília.

Na manhã do dia 11, a Polícia Federal e os procuradores da República fizeram quatro operações de busca e apreensão no escritório paulistano da J&F e nas residências de Joesley Batista, Ricardo Saud e Francisco de Assis e Silva. Houve ainda um quinto mandado de busca, cumprido na casa do ex-procurador Marcello Miller, no Rio de Janeiro. E, sem mandado, equipes do MPF e da PF estiveram na sede carioca do escritório de advocacia Trench, Rossi e Watanabe, que contratou o ex-procurador da República Marcello Miller, e que esteve à frente do processo de negociação do acordo de leniência da J&F para receber documentos de investigação interna sobre a participação do ex-procurador nas negociações com a J&F e que foram base para a demissão de Miller.

Miller também teve pedido de prisão preventiva, mas foi negado.

Depois de se submeterem a exames de corpo de delito no IML de Brasília, Batista e Saud foram colocados em celas de nove metros quadrados, com cama de cimento e colchão, um tubo de água fria e um vaso sanitário turco.

No dia 14 de setembro, véspera de vencimento da prisão temporária de Joesley Batista e de Ricardo Saud, a Procuradoria-Geral da República decidiu pedir a revogação da imunidade penal dos dois delatores da JBS, com a rescisão de seus acordos de delação premiada. Janot ressaltou que as provas apresentadas por eles continuariam válidas.

A Procuradoria-Geral da República solicitou ainda, ao Supremo Tribunal Federal, que as denúncias relativas aos delatores da JBS fossem enviadas à Justiça Federal no Paraná (TRF-4). Também foi solicitada a conversão das prisões de Joesley Batista e de Ricardo Saud, de temporárias para preventivas – ou seja, sem prazo determinado para soltura. O pedido foi deferido pelo ministro Edson Fachin.

Batista e Saud prestaram depoimento no mesmo dia à Polícia Federal, parte do inquérito determinado pela presidente do STF. Por orientação da defesa, permaneceram calados.

Em 15 de setembro, Joesley Batista foi levado para a Polícia Federal de São Paulo, para audiência de custódia com o juiz federal João Batista Gonçalves, da 6ª Vara Criminal Federal, por ter tido prisão decretada também por crime de *insider trading* com seu irmão Wesley. Por segurança, Joesley foi transferido para a carceragem da Polícia Federal no bairro da Lapa, onde já estava preso seu irmão, acusado pelo mesmo crime.

Saud foi transferido no mesmo dia para o Complexo Penitenciário da Papuda, em Brasília, para uma ala mais reservada e com maior segurança – a chamada "ala dos vulneráveis".

Na mesma ala estavam Geddel Vieira Lima e Lúcio Bolonha Funaro – eles não tinham comunicação alguma.

Embora separados e sem contato, há relatos de que eles trocavam constantes insultos. Estava havendo, inclusive, revezamento entre os advogados para que eles não se encontrassem.

De acordo com informações do presídio, o delator Lúcio Funaro, no fim do banho de sol e antes de voltar para a cela, mandava aos gritos recado para Ricardo Saud, preso do outro lado: "Saud, vou te matar", tentando criar terror no delator da JBS que o entregou em seu depoimento ao Ministério Público Federal. Do seu lado "do muro", Geddel Vieira Lima engrossava o coro: "Saud, também vou te matar". Na ocasião, o delator Ricardo Saud devolvia as provocações, mas só para Geddel: "Cala a boca, seu gordo!".

Já Joesley Batista, preso em São Paulo, experimentava uma rotina melhor, por ter sido mantido na carceragem da PF, mas sem prazo para deixar a prisão.

Joesley e Wesley Batista foram autorizados a receber visitas a partir do dia 21 de setembro de 2017, dentro das regras vigentes na Polícia Federal, que permite visitas somente às quintas-feiras, com duas pessoas por vez, entre as 14h e 16h30, através do parlatório, onde o preso fica separado por um vidro e a comunicação é por telefone. As visitas pessoais, com contato físico, são permitidas após 75 dias de prisão.

No dia 25 de setembro, o ministro da Suprema Corte de Justiça José Antonio Dias Toffoli, ao rejeitar os embargos em *habeas corpus* que negou seguimento ao pedido de revogação da prisão preventiva de Joesley Batista, destacou que a jurisprudência do Supremo Tribunal Federal não admite *habeas corpus* contra decisão de ministro da Corte.

As defesas recorreram, no dia 26 de setembro, da decisão do ministro Fachin, que converteu em preventiva a prisão temporária de ambos. Os advogados alegam que não houve má-fé dos empresários na colaboração e pediram que o ministro reconsiderasse sua decisão com relação à decretação da preventiva, ou que o caso fosse analisado na turma ou no plenário do STF.

Na prática, se os pedidos da defesa fossem aceitos pela Suprema Corte, apenas o executivo Ricardo Saud seria libertado. Isso porque havia contra Joesley Batista outra ordem de prisão preventiva, emitida pelo juiz da 6ª Vara Criminal Federal de São Paulo, João Batista Gonçalves, em razão do suposto uso de informações privilegiadas para lucrar no mercado financeiro.

Os irmãos Batista já haviam renunciado, em maio de 2017, aos postos de presidente e vice-presidente do Conselho de Administração da JBS. Wesley foi substituído por seu pai, José Batista Sobrinho, e seguiu como membro do colegiado e como presidente executivo da companhia.

Em 14 de julho de 2017, o presidente do BNDES, Paulo Rabello de Castro, havia convocado uma Assembleia-Geral Extraordinária (AGE) do grupo JBS, com o objetivo de discutir o comando da empresa. O banco estatal é sócio da companhia com 21,3% das ações. O banco solicitava uma apuração sobre o que ocorreu na empresa após a delação de Joesley Batista e como isso impactou negativamente as ações da empresa na Bolsa de Valores.

Os irmãos Batista buscaram uma trégua com o BNDES por meio da contratação de um mediador de conflitos.

No dia 14 de setembro de 2017, com Joesley e Wesley Batista presos, o irmão mais velho, José Batista Júnior, o Júnior Friboi, compareceu à sede da companhia para ajudar seu pai, José Batista Sobrinho, fundador da JBS, em deliberações emergenciais.

Diante da prisão de Wesley Batista, a família passou a se preocupar mais com o futuro da organização, prevendo, desde já, a impossibilidade de Wesley continuar à frente da JBS, antevendo uma forte reação do mercado à sua permanência depois de ter sido flagrado em crime por ludibriar o mercado.

Rabello de Castro, o presidente do BNDES, afirmou à imprensa que desde junho de 2017 vinha alertando sobre a necessidade de mudança na governança da empresa:

"Ficamos acéfalos por um motivo que não tem nada a ver com questões econômicas, mas judiciais. Se a alta direção da companhia não tomou as providências decididas no Conselho de Administração, isso só demonstra que precisamos melhorar a governança da empresa".

Em 15 de setembro de 2017, Castro afirmou que os irmãos Batista teriam rompido um "pacto informal para a saída de Wesley Batista da presidência da JBS".

Ele disse ainda que assim que assumiu a presidência do banco estatal em junho de 2017, teria acertado com o presidente do Conselho de

Administração da JBS, Tarek Farahat, "que os bancos públicos apoiariam a renegociação da dívida e a JBS contrataria uma consultoria para encontrar um novo CEO. Segundo ele, o setor público fez sua parte, mas a família, não".

Para ele, "a punição exemplar aos CPFs não pode se confundir com os CNPJs. A posição conhecida dos irmãos Batista é 41%. Se agiam como donos antes, passaram a conhecer sua verdadeira condição de sócios".

No dia 15 de setembro de 2017, o Tribunal Regional da 3ª Região (TRF-3) confirmou a decisão de suspender a Assembleia-Geral Extraordinária de acionistas da JBS e levar a disputa para a arbitragem, como fora pedido pela J&F Investimentos S.A.

O Conselho de Administração da JBS, em uma reunião extraordinária que teve início às 19 horas do dia 16 de setembro e terminou à uma hora da madrugada do dia 17 de setembro, escolheu o patriarca da família Batista e fundador da Friboi, José Batista Sobrinho, para substituir o CEO, Wesley Mendonça Batista, no comando do grupo.

"Fico orgulhoso de reassumir a empresa que fundei", afirmou José Batista Sobrinho no comunicado da JBS.

O empresário permanece no cargo até abril de 2019, quando terminaria o mandato do filho. Wesley Batista Filho foi eleito como diretor estatutário.

De certa forma, essa decisão da família Batista é uma resposta ao presidente do BNDES, demonstrando que é, sim, sócia controladora da JBS e não um simples sócio, como quis Rabello de Castro passar aos acionistas.

Especula-se que agora vai se investir na preparação de um novo membro da família Batista para assumir a empresa ao final do mandato-tampão de José Batista Sobrinho.

Em dezembro de 2018, Gilberto Tomazoni foi eleito diretor-presidente da JBS, com mandato até maio de 2019. Na mesma data foi eleito Guilherme Perboyre Cavalcanti como diretor financeiro e de Relações com o mercado, com mandato também até maio de 2019.

"Neste importante momento da empresa, a maior prioridade definida pelo Conselho de Administração é garantir o sucesso do negócio e a prosperidade dos colaboradores, acionistas e todos os *stakeholders*", afirmou Tarek Farahat, presidente do Conselho de Administração da JBS.

Informações publicadas pela imprensa dão conta de que o presidente do BNDES, Paulo Rabello de Castro, "não aprovou a escolha de José Batista Sobrinho para a diretoria executiva da JBS, e que a conselheira do banco votou de forma 'autônoma', sem consultar o comando da instituição".

Castro disse que a reunião "na calada da noite foi um ato de malandragem" e que a representante da BNDESPar no Conselho de Administração, a advogada Claudia Silva de Azeredo Santos, não deveria ter comparecido e que teria votado por conta própria. Em face disso, Castro disse que iria consultar a área jurídica do banco para ver o que poderia ser feito para cancelar a decisão.

Como já era previsto, o BNDES aprovou, também no dia 18 de setembro, a indicação dos nomes de Cledorvino Belini (ex-presidente da Fiat/Chrysler e Anfavea) e do empresário Roberto Penteado de Camargo Ticoulat (vice-presidente da Associação Comercial de São Paulo) para as vagas a que a instituição de fomento tem direito no Conselho de Administração da JBS S.A. Eles substituirão Maurício Luchetti e Claudia de Azeredo Santos, que renunciaram aos cargos.

CAPÍTULO 7

Em carne viva

A Operação Carne Fraca foi um duro golpe sobre os empresários do grupo JBS. Na realidade, acendeu um alerta para os irmãos Batista: a repercussão negativa dos escândalos levou alguns dos mercados compradores da carne brasileira a suspender as compras por tempo indeterminado.

A JBS foi acusada de tentar mudar a data de validade de embalagens e de corromper fiscais para acelerar a liberação de produtos - embora no despacho da Justiça não haja referência a problemas sanitários.

A operação também deixou clara a relação escusa e próxima entre Maria do Rocio Nascimento, a chefe do Serviço de Inspeção de Produtos de Origem Animal do Paraná, e o veterinário Flávio Evers Cassou, empregado da Seara, empresa do conglomerado JBS. Ambos foram alvos de mandado de prisão preventiva. Cassou foi grampeado combinando com um fiscal a assinatura de certificados para a exportação de carne para a China - sem qualquer inspeção do produto.

Entretanto, apesar de grandiosa e de forte repercussão, a Carne Fraca não foi o único entrave judicial do qual o grupo JBS foi alvo. Na realidade, a história da ascensão da empresa está repleta de nebulosas encrencas. Em outras palavras, a ficha corrida da JBS é das grandes.

O presidente da J&F Participações, Joesley Batista, responde judicialmente por sonegação de impostos. De acordo com a Justiça

Federal, o empresário deixou de pagar cerca de R$ 10 milhões entre janeiro de 1998 e julho de 1999. A empresa não teria recolhido Imposto de Renda Pessoa Jurídica nem realizado as contribuições ao Programa de Integração Social (PIS) e Contribuição para o Financiamento da Seguridade Social (Cofins).

Outra denúncia apontou que a empresa Friboi Ltda., mesmo após baixa cadastral na Receita Federal em 31 de janeiro de 1998 - quando se tornou JBS Ltda. -, continuou recebendo grandes depósitos em seu nome. Foram pelo menos 16 depósitos nas contas da empresa entre janeiro de 1998 e 30 de setembro de 1999 - inclusive um deles no valor de R$ 12 milhões e outro no valor de R$ 2 milhões. As transações, segundo o Ministério Público Federal, não foram informadas às autoridades financeiras e tampouco foi recolhido imposto sobre elas.

Em 6 de agosto de 2005, por exemplo, a Polícia Federal apreendeu, em um posto fiscal de Cuiabá, um carregamento de carne proveniente da Friboi, de Araputanga, em Mato Grosso. A suspeita era de fraude. Os agentes seguiam pistas de uma denúncia que indicava que essa unidade da Friboi estaria etiquetando os produtos com o selo do Serviço de Inspeção Federal (SIF) de outra unidade - a de Andradina, no interior paulista. O objetivo era facilitar os trâmites para exportar a carne para a Comunidade Europeia e para a Rússia.

O esquema fazia sentido: o selo de Andradina "esquentava" a carne de uma região suscetível à febre aftosa, tornando-a apta, no papel, para o mercado internacional. Vinte e cinco toneladas de carne com a adulteração foram apreendidas.

De acordo com denúncias, havia ainda alteração da validade. A carne que era resfriada e embalada havia 30 dias, ao ser trocada de embalagem para obter o novo SIF, era congelada e ganhava validade de até dois anos.

A JBS foi alvo também da Operação Abate, deflagrada pela Polícia Federal e pelo Ministério Público Federal em junho de 2009. A ação visava reprimir crimes cometidos para favorecer frigoríficos, laticínios e curtumes sob fiscalização da Superintendência Federal da Agricultura em Rondônia. Foram expedidos 22 mandados de prisão e 43 mandados de busca e apreensão em nove estados e no Distrito Federal.

Toda a operação foi desencadeada após denúncia anônima feita em março de 2008 contra a JBS. Segundo o denunciante, a empresa estaria adicionando água à carne, na câmara de resfriamento, para adulterar seu peso. As fraudes estariam ocorrendo pelo menos desde 2007.

As investigações acabaram descobrindo uma série de crimes cometidos para favorecer frigoríficos, entre os quais os gigantes JBS e Margen, laticínios e curtumes. Foi desbaratada uma verdadeira quadrilha montada na Superintendência Federal da Agricultura em Rondônia, sucursal do Ministério da Agricultura, Pecuária e Abastecimento (Mapa). De acordo com o procurador da operação, o protecionismo praticado pelos fiscais do setor era tanto que mesmo produtos impróprios para o consumo humano ou com validade vencida recebiam o certificado SIF. As propinas aos fiscais variavam de R$ 3 mil a R$ 40 mil, dependendo da dificuldade do desembaraço praticado.

A investigação concluiu que havia envolvimento dos frigoríficos JBS, Quatro Marcos, Santa Marina, Margen e do grupo Bihl, além de um laticínio. A decisão determinou o bloqueio dos bens da JBS, que interpôs agravo contra isso - provido pelo Tribunal Regional Federal de Brasília. O MPF interpôs o restabelecimento do bloqueio patrimonial, sendo atendido pelo Superior Tribunal de Justiça (STJ). A JBS tentou recurso. O STJ não admitiu. Novamente a JBS ingressou com agravo, desta vez ao Supremo Tribunal Federal (STF).

No dia 5 de junho de 2013, o MPF apresentou contrarrazões ao último agravo da JBS - que pedia a subida dos autos para o STF para se discutir o bloqueio dos bens da companhia em Rondônia.

Em 2010 começou a ser investigado um esquema que se transformaria na Operação Ararath. Tratava-se de um esquema que utilizava *factorings* e empresas de fachada para realizar lavagem de dinheiro e outros crimes financeiros. A quinta fase da operação colocou o empresário Wesley Batista no olho do furacão. Isso por causa de diálogo gravado em 2014 entre o ministro Gilmar Mendes, do Supremo Tribunal Federal, e o então governador do Mato Grosso, Silval Barbosa - alvo das investigações.

- Governador, que confusão é essa?

- Barbaridade.

– Isso é uma loucura, viu?
– Que coisa, estou sabendo disso agora.
– É uma decisão aí do Toffoli. Acho que eles pediram do Blairo e junto com Blairo mandaram minha e de outros, uma delação do... desse Júnior [Gércio Mendonça Júnior] aqui, desse Ararath, sabe?
– Hum... hum...
– (Inaudível) A busca e apreensão que o Toffoli mandou lá em casa não tem nem sentido. Dinheiro que peguei na campanha pra 2010. Eu não sei o que é porque vou ter que olhar no processo. Viu, ministro?
– Hum... hum...
– E não tem, graças a Deus, nada aqui que levaram, a não ser uma arma com registro vencido, que eu achava... eu achava que vencia porte, registro não.
– Hum... hum...
– A única coisa, mais nada. Uma loucura, viu?
– Que loucura!
– É.
– Que loucura!
– Eu estou indo para o TSE, vou conversar com o Toffoli.
– É, eu não sei o que é. Baseado nisso aí que ele falou... O cara que falou. Agora, eu não conheço. Vou ter que ir ao advogado agora de manhã.
– Hum... hum...
– Fazer, pegar cópia, o que é isso? Dinheiro que ele fala. Negócio de R$ 4 milhões que eu teria pego pra campanha. Que ele teria dado pro Wesley pagar umas coisas. Eu não sei o que é isso.
– Hum... hum...
– É com isso que fizeram busca e apreensão aqui em casa.
– Meu Deus do céu.
– É.
– Que absurdo! Eu vou lá. Se for o caso, depois a gente conversa.
– Tá bom, então, ministro. Obrigado pela atenção!
– Um abraço aí de solidariedade.
– Obrigado, ministro.

O empresário Gércio Mendonça Júnior, operador financeiro da estrutura chamada de "sistema" por Éder Moraes Dias, se tornou o principal delator do esquema à Polícia Federal. Ele disse que agia frequentemente sob a orientação do ex-secretário por meio de uma *factoring*, a Globo Fomento, e de uma rede de postos de combustíveis, a Amazônia Petróleo, que compunham um banco "clandestino" que atuava com o Bic Banco.

Entre os documentos apreendidos nas residências e escritórios de Gércio Mendonça, a Polícia Federal encontrou contratos sociais das empresas Global Participações Empresariais Ltda. e Confiança Participações Empresariais Ltda., cujo sócio é o empresário do ramo de supermercados e atacados, Fernando Mendonça, primo dos irmãos Joesley e Wesley Batista, e a filha de Gércio, Ariane Victor de Matos Mendonça, bem como o casal Leonardo Rodrigues de Mendonça (também primo dos irmãos Batista) e Raquel Souza Ferreira Rodrigues de Mendonça.

As suspeitas do Ministério Público Federal e da Polícia Federal são de que Wesley Mendonça Batista fosse, na verdade, um dos donos secretos das empresas Global Participações Empresariais Ltda. e Confiança Participações Empresariais Ltda., usadas como "lavanderia".

Wesley Batista foi administrador e procurador das duas empresas desde que foram abertas, mas teria deixado tais empresas quando seu irmão mais velho, José Batista Júnior, o "Júnior Friboi", se aposentou da área frigorífica para se dedicar à política.

Chamadas de empresas "irmãs", conforme consta do inquérito e da denúncia do MPF, a Global Participações Empresariais Ltda. e a Confiança Participações Empresariais Ltda. foram criadas em 2 de abril de 2008 e 1º de dezembro de 2008, respectivamente. Ambas tiveram, desde a fundação, Wesley Mendonça Batista como seu procurador e administrador.

A empresa Global, inicialmente, tinha como sócias fundadoras duas companhias americanas, a Elany Trading LLC, criada em 23 de janeiro de 2006, e a Avel Group LLC, criada em 1º de fevereiro de 2006, ambas nos Estados Unidos e "instaladas" no mesmo endereço, o número 520 da 7th Street Suite C, no estado de Nevada.

Como sócia das duas empresas americanas na Global aparece Raquel Souza Ferreira Rodrigues de Mendonça, esposa do primo dos irmãos Batista, Leonardo Rodrigues de Mendonça. O MPF destacou no inquérito o fato de que, desde a criação da Global, Wesley Mendonça Batista era o seu administrador e procurador no Brasil.

A descoberta de vínculo entre os negócios escusos operados por Júnior Mendonça, Fernando Mendonça e o então presidente executivo da JBS, Wesley Mendonça Batista, surpreendeu e chocou tanto a procuradora que comanda as investigações quanto a alta cúpula do Ministério Público Federal.

O Ministério Público do Estado de Mato Grosso, por meio do Grupo Especial de Trabalho, criado com o objetivo de promover as medidas judiciais cabíveis em relação aos fatos apontados na Operação Ararath, propôs, no dia 19 de dezembro de 2014, mais cinco ações civis públicas, por ato de improbidade administrativa, e mais duas ações relacionadas a fraudes na contratação de gráficas, que apareceram, acidentalmente, durante as investigações do Ministério Público Federal e da Polícia Federal.

O ex-governador Silval Barbosa afirmou, em sua delação premiada, que repassou o "crédito" de propina de R$ 4 milhões do grupo JBS para a campanha de Pedro Taques (PDT-MT) ao governo do estado em 2014. A doação teria sido feita "de forma oculta" pela JBS.

A Operação Chumbo Cruzado foi noticiada em fevereiro de 2014, em mais um capítulo do jornalismo econômico-policial. A Polícia Federal indicava os controladores da J&F Participações S.A., Joesley Mendonça Batista e a ex-presidente do Banco Rural, Kátia Rabello – condenada pelo Mensalão. De acordo com as investigações, ambos faziam empréstimos cruzados entre o Banco Original, empresa do grupo J&F, e o Banco Rural. Essa troca de empréstimos era usada para simular negócios e inflar balanços.

No estado de Goiás, a JBS acumulou 49 autos de infração entre 2006 e 2014. O fisco estadual cobrava da empresa uma dívida acumulada de mais de R$ 1,212 bilhão em impostos.

Em 3 de maio de 2014, José Batista Júnior, o "Junior Friboi", que foi pré-candidato ao governo de Goiás em 2014, circulou uma nota nas redes sociais:

"Vale lembrar que parte importante dos supostos débitos se refere a dívidas pela incorporação do frigorífico Bertin. Se a JBS não tivesse assumido esse passivo, a empresa teria fechado e milhares de goianos teriam perdido o emprego", escreveu ele.

Júnior Friboi disse também na nota que a JBS já havia respondido e deixou claro que não havia nenhuma irregularidade.

Entretanto, pouco tempo depois a JBS divulgou que havia realizado um acerto com o governo estadual para o pagamento da dívida. O pagamento ocorreu depois de o governo estadual publicar uma alteração no Programa de Incentivo à Regularização Fiscal de Empresas no Estado de Goiás (Regulariza), através da Lei nº 18.709/2014, de 22 de dezembro de 2014.

Por essa Lei, que foi chamada pelo senador Ronaldo Caiado (DEM-GO) de "Lei Friboi", houve alteração da Lei nº 18.459, de 5 de maio de 2014, com a inclusão do artigo 6º, como segue:

> *Art. 6. A - Na hipótese em que o sujeito passivo aderir ao regularizar e realizar o pagamento, à vista e em moeda de, no mínimo, 40% (quarenta por cento) de todos os créditos tributários constituídos em seu nome, inclusive aqueles em que seja solidário, a redução da multa, dos juros e da correção monetária será de 100% (cem por cento), observado o disposto no art. 8º.*

É importante ressaltar que a Lei nº 18.459 tinha vigência até 29 de dezembro de 2014 e, portanto, essa alteração foi feita para durar uma semana e, pelo que tudo indica, já estaria negociada entre o executivo estadual, a Assembleia Legislativa e a JBS, pois até o percentual de honorários advocatícios, destinado aos procuradores do estado de Goiás, foi reduzido de 5% para 3% nesse apagar das luzes de 2014.

E, como havia pressa, ou se a hipótese era que o menor número de pessoas tomasse conhecimento do fato, os termos da Lei nº 18.709/2014 foram publicados no suplemento do Diário Oficial do Estado (DOE) do dia 26 de dezembro. Portanto, na prática, a lei só teve vigência de três dias, embora outras 968 empresas tenham aderido ao programa, pagando um total de R$ 34,6 milhões, conforme informa a Fenafisco.

O governo do estado já havia aberto negociação com o grupo em eventos anteriores e o Regulariza vinha sendo reeditado com alterações pontuais para facilitar a renegociação de dívidas de outros contribuintes.

No dia 22 de dezembro de 2016, porém, o Diário Oficial do Estado circulou com a Lei nº 18.709, que autorizava a redução de 100% da multa, juros e correção monetária de débitos tributários, o que sacramentou a operação tentada anteriormente.

A Lei teve vigência até o dia 29 de dezembro de 2014. E, para facilitar ainda mais a vida da JBS, o art. 6º-A trazia em seu parágrafo 1º a seguinte redação:

> *Para fazer jus ao percentual de redução de que trata o caput, o sujeito passivo deve, ainda, parcelar o remanescente em até 60 (sessenta) parcelas, não se admitindo o pagamento por meio de crédito acumulado, hipótese em que os juros e a atualização monetária estimada, incidentes sobre o parcelamento, serão de 0,2% ao mês.*

A JBS, cuja dívida chegava a R$ 1,56 bilhão, pagou à vista R$ 150 milhões, e os 60% restantes da dívida para com a Fazenda Estadual deveriam ser pagos em até 60 parcelas (cinco anos) de R$ 2,9 milhões, com juros e atualização monetária da ordem de 0,2% (dois décimos por cento) ao mês. Tudo isso em retribuição feita pelo governador Marconi Perillo (PSDB) aos irmãos Batista, que o apoiaram nas eleições.

A origem de toda essa dívida fiscal era, em parte, a simulação de exportação feita pela JBS, para deixar de recolher o ICMS. Os auditores fiscais, que lavraram os sucessivos autos de infração contra a JBS, constatavam, de forma reiterada, que a empresa simulava venda de carnes e produtos industrializados para o exterior e emitia notas fiscais como se os produtos saíssem via terminais de exportação, como o Porto de Santos e outros locais de livre comércio. Todavia, os produtos eram reintroduzidos no mercado interno.

O Ministério Público Estadual instaurou investigação para apurar as circunstâncias em que, não somente a JBS, mas também outras empresas contribuintes que, mesmo acionadas na Justiça por sonegação e irregularidades na escrita fiscal, ainda continuavam a receber incentivos fiscais.

As suspeitas foram aceleradas depois que a JBS recebeu esse perdão fiscal de mais de R$ 1 bilhão, mesmo tendo sido autuada por sonegação e crime fiscal, simulando exportar carnes que vendia no mercado interno.

O fato fez soar um alerta no Ministério Público e na Delegacia de Ordem Tributária sobre empresas que devem altas somas de tributos, multas, juros e correção e, mesmo assim, são beneficiárias de programas de incentivos fiscais concedidos pelo estado de Goiás.

Foram lavrados autos de infração contra Joesley Mendonça Batista, seu irmão, Wesley Mendonça Batista, e José Batista Sobrinho, pelos auditores fiscais Cristóvão de Arimatéia Pereira, Sandra Márcia Mendonça de Paula e Alípio de Araújo Rocha Júnior pelas práticas de "infração fiscal" descritas nos autos.

Outra parte da dívida da JBS com o fisco goiano vinha desde 2009 e tinha origem em atrasos de recolhimento de ICMS pelo frigorífico Bertin, que foi absorvido pelo grupo J&F, que assumiu todas as suas dívidas.

O governador de Goiás, Marconi Perillo, e os irmãos Joesley e Wesley Batista foram citados no dia 26 de julho de 2017 pelo juiz da Fazenda Pública Estadual de Goiânia, Avenir Passo de Oliveira, no âmbito da ação popular movida pelo senador Ronaldo Caiado, a respeito de isenção de impostos pelo governo ao grupo, ocorrida em 2014 por meio do Programa de Incentivo à Regularização Fiscal de Empresas, mais conhecido como Regulariza.

O Ministério Público de Goiás divulgou nota no dia 28 de setembro de 2017, na qual nega que tenha conduzido com lentidão o inquérito sobre suposto benefício à JBS em programa de isenção de impostos no estado.

A investigação foi aberta em 2015 e remetida em 2017 para a Procuradoria-Geral de Justiça, devido ao foro privilegiado do governador de Goiás, Marconi Perillo (PSDB).

Em fevereiro de 2012, o então governador de Mato Grosso, Silval Barbosa, editou um decreto introduzindo alterações ditas "irregulares" no regulamento do ICMS. A finalidade, conforme o Ministério Público Estadual, seria beneficiar a JBS.

Foi um malabarismo numérico. Pelo decreto, a JBS estaria apta a receber benefícios fiscais não aplicáveis, cujas cláusulas e condições estabeleceram a concessão pelo Estado de crédito fiscal relativo a matérias-primas e insumos adquiridos no período de 2008 a 2012, no valor de R$ 73.563.484,77.

Dois dias depois da publicação do decreto, o governo e a JBS S.A. acordaram um Protocolo de Intenções, sem que fosse dada publicidade ao fato.

O MPE entrou com ação de ressarcimento argumentando que os atos praticados pelo Executivo Estadual criaram créditos fiscais fictícios e estabeleceram tratamento tributário de forma parcial, direcionando determinados contribuintes, em detrimento dos demais empresários do ramo.

A promotora responsável pela ação pediu uma Medida Liminar de indisponibilidade de bens dos requeridos e bloqueio dos valores encontrados nas contas bancárias e aplicações financeiras dos réus e o bloqueio de bens, como imóveis e veículos.

Diante da decisão judicial prolatada em 20 de outubro de 2014, a Sefaz-MT divulgou nota na qual afirma que o secretário de Estado de Fazenda, Marcel de Cursi, teria suspendido em 2013 os benefícios fiscais da JBS S.A. e lavrado um auto de infração no valor R$ 180 milhões contra a companhia, sendo que a multa ainda não foi aplicada devido ao direito de ampla defesa e contraditório da rede de frigoríficos.

No dia 11 de dezembro de 2014, o juiz da Vara Especializada em Ação Civil Pública e Ação Popular de Cuiabá, dr. Luis Aparecido Bertolucci Júnior, negou novo recurso impetrado pela JBS S.A., no qual a companhia solicitava a troca do bloqueio bancário de R$ 73,5 milhões por apólices de seguro com data de vencimento em novembro de 2016.

O ex-governador de Mato Grosso Silval Barbosa foi preso preventivamente em setembro de 2015, na Operação Sodoma – criada para apurar desvio em compras de terrenos, fraude em licitações e propina para cobrir custos de campanha eleitoral.

Em janeiro de 2016, o juiz Luis Aparecido Bertolucci Júnior voltou a atuar no caso, negando a homologação de um acordo (TAC) firmado entre a JBS e o Ministério Público Estadual (MPE), que resultaria na extinção parcial da Ação Cível que resultou no bloqueio de R$ 73,5 milhões da JBS.

Entretanto, o Superior Tribunal de Justiça (STJ), através da 1ª Turma, homologou o Termo de Ajustamento de Conduta (TAC) firmado entre a JBS e seu diretor, Valdir Boni, com o Ministério Público Estadual (MPE), em uma ação de improbidade administrativa.

O pagamento de propina pela JBS a integrantes do esquema de corrupção no governo de Mato Grosso em troca de incentivos fiscais foi confirmado, em agosto de 2017, pelo ex-governador Silval Barbosa, em acordo de delação premiada.

Silval Barbosa afirmou que tinha um crédito de propina no valor de R$ 12 milhões com o grupo JBS, em 2014, e, para o pagamento desse crédito, foi feito um acordo durante a campanha eleitoral. Esse acordo teria beneficiado o também governador de Mato Grosso (de 2015 a 2019), Pedro Taques (PSDB). Esse montante seria de propina referente aos anos de 2013 e 2014.

No dia 4 de maio de 2017, o CEO do grupo J&F, Wesley Mendonça Batista, prestou depoimento à Procuradoria-Geral da República sobre fatos envolvendo a JBS e o governo do então governador do Mato Grosso.

Wesley afirmou que o governador procurou Joesley Batista para discutir apoio para sua campanha à reeleição, tendo já naquela oportunidade oferecido vantagens indevidas, como compensação das doações que o grupo J&F viesse a fazer à sua campanha.

Wesley Batista explicou que durante o governo de Blairo Maggi, e em 2010, quando Silval Barbosa assumiu o governo, o ICMS em Mato Grosso era cobrado por estimativa, ou seja, era definido um valor fixo a ser pago por cada empresa e esta abria mão de eventuais créditos que teria de energia, embalagem etc., tendo, em sua opinião, "funcionado superbem".

Passada a eleição estadual de 2010, com a vitória de Silval Barbosa, logo no início de 2011 o governador acabou com esse esquema de estimativa de cobrança do ICMS e passou a adotar a cobrança de 3,5% de ICMS de todas as empresas, por meio de Ato Normativo.

Aí começava o problema. De acordo com o depoente, havia em Mato Grosso umas seis ou sete grandes fábricas que recebiam incentivos fiscais do Prodeic (Programa de Desenvolvimento Industrial e Comercial de Mato Grosso), criado através da Lei nº 7.958, de 25 de setembro de 2003, e isso fazia com que tais fábricas, além de outros benefícios possíveis, de acordo com tal lei (concessão de empréstimos e financiamentos, participação acionária, prestação de garantias e outras formas de assistência financeira), pagassem muito menos ICMS do que as demais empresas, chegando a quase zerar a incidência desse imposto.

"Imediatamente eu fui ao gabinete do governador Silval Barbosa, em Cuiabá, e disse a ele: Olha, governador, do jeito que vai ficar aqui agora, vai ficar impossível, porque tem uma meia dúzia de fábricas e empresas que têm um incentivo, que é o Prodeic, que vão ficar pagando de 0% a 1% de imposto, e as outras pagando 3,5%", contou Wesley Batista.

Foi quando, segundo Batista, começou a negociação para resolução do problema com o então governador, Silval Barbosa, e o secretário da Indústria e Comércio, Pedro Nadaf, tendo sido proposto um pagamento de propina para se proceder a um acordo, pelo qual a JBS passaria a pagar ICMS em nível similar às empresas que tinham o Prodeic.

A proposta do governo estadual era que a JBS fizesse um levantamento de todos os créditos de que ela teria "aberto mão" nos oito anos anteriores, para que o estado reconsiderasse esses créditos para abatimento no ICMS que seria pago com a alíquota de 3,5%. Pelo levantamento feito pela JBS, a empresa chegou à conclusão de que teria renunciado a algo em torno de R$ 73 milhões, com o que Silval Barbosa teria concordado em conceder o crédito.

Entretanto, o governador exigia uma propina de 30% sobre o crédito concedido. A JBS discordou a princípio porque não estava tendo vantagem alguma, mas apenas a equiparação com as empresas que tinham benefícios fiscais do Prodeic. A negociação a respeito de pagamento de propina que se estabeleceu entre a empresa e o governo de Silval Barbosa resultou no pagamento de R$ 10 milhões anuais, entre 2011 e 2013.

Tais pagamentos, de acordo com Wesley Batista, foram feitos de diversas maneiras, inclusive com a utilização de doleiros para terceiros indicados por Silval Barbosa, que entregava à JBS notas fiscais frias para justificar os pagamentos de propina.

Wesley Batista também relatou a solicitação feita pelo governador Silval Barbosa para que ele pagasse R$ 7,5 milhões para uma pessoa a quem ele devia dinheiro de empréstimo e que o estaria ameaçando. Como a pessoa a quem deveria ser feito o pagamento era, "coincidentemente", a mesma que estava negociando com a JBS a venda de uma transportadora (Carol Mila Agropecuária), Wesley Batista afirmou que adicionou o valor de R$ 7,5 milhões ao contrato em negociação e saldou a dívida do governador.

No segundo semestre de 2014, a Secretaria da Fazenda de Mato Grosso desconsiderou os créditos negociados entre a JBS e o governador Silval Barbosa para os anos de 2012 a 2014 e autuou a empresa em R$ 200 milhões. Diante disso, Wesley Batista afirmou que procurou, pessoalmente, o governador para cobrar dele uma solução, já que havia feito todos os pagamentos de propina requeridos.

A solução encontrada pelo governador Silval Barbosa, junto com seus secretários da Casa Civil e da Fazenda, foi estender o benefício do Prodeic que já tinha uma das fábricas da JBS, em Diamantino (MT) – que havia sido comprada do Bertin –, para as demais unidades de abate de gado, em número de doze. Para isso, foi feito um documento com data retroativa a 2012, tendo sido, portanto, um documento ideologicamente falso.

Não era o único problema. A JBS também atua com curtume e sua unidade em Barra do Garças, em Mato Grosso, tinha incentivo de 80% do Prodeic em créditos de ICMS. Mas o acordo foi firmado mediante documentos falsos.

O Ministério Público do Estado de Mato Grosso entrou com ação de improbidade administrativa. Wesley Batista afirmou que a JBS pagou todos os valores acertados mediante Termo de Ajustamento de Conduta (TAC) com o Ministério Público.

Em julho de 2017, a Polícia Federal realizou uma operação de busca e apreensão na sede da JBS – a ação foi batizada de Tendão de Aquiles. Quatro pessoas foram levadas coercitivamente para prestar depoimento. A operação visava apurar se havia uso indevido de informações privilegiadas das empresas JBS S.A. e FB Participações S.A. em transações de mercado financeiro ocorridas entre abril e maio de 2017.

Na decisão, ele aponta como motivo as operações feitas em condições fora dos padrões e durante o período em que os dirigentes da empresa estavam negociando termos de acordo de delação premiada, ainda em fase de sigilo absoluto naquela ocasião. Treze procedimentos administrativos foram abertos para investigar o grupo J&F. Entre os problemas, a operação apurava se houve uso indevido de informações privilegiadas por parte da JBS e de sua controladora na compra e venda de dólares nos dias anteriores à delação premiada dos irmãos Batista.

De acordo com nota divulgada pela Polícia Federal, havia indícios de que essas operações ocorriam com o uso de informações privilegiadas (*insider trading*), "gerando vantagens indevidas no mercado de capitais num contexto em que quase todos os investidores tiveram prejuízos financeiros".

Segundo o portal G1, a Polícia Federal investiga dois eventos. O primeiro seria a venda de ações de emissão da JBS na Bolsa de Valores, entre os dias 24 de abril e 17 de maio, por sua controladora, a empresa FB Participações em Investimentos S.A., e a compra de tais ações, em mercado, por parte da empresa JBS S.A., com isso causando manipulação do mercado acionário e fazendo com que seus acionistas absorvessem parte do prejuízo decorrente da baixa das ações que, de outra maneira, somente a FB teria sofrido.

De acordo com documentos em poder da CVM, a FB Participações S.A. realizou seis operações por meio da corretora do Bradesco, entre os dias 20 e 28 de abril de 2017. Desde fevereiro de 2016, a J&F não vendia nem comprava papéis no mercado. A suspeita é de que, se desfazendo desses papéis antes da divulgação da delação premiada, se blindaria a JBS contra a perda de patrimônio, que aconteceria com a queda do valor de suas ações na Bolsa.

Outro evento investigado é a intensa compra de contratos de derivativos de dólares entre 28 de abril e 17 de maio por parte da JBS S.A., em desacordo com a movimentação usual da empresa, gerando ganhos decorrentes da alta da moeda norte-americana após o dia 17 de maio de 2017.

Os irmãos Batista teriam praticado, de acordo com o G1, o chamado *insider trading*, com a compra de US$ 1 bilhão às vésperas da divulgação da gravação e venda de R$ 327 milhões em ações da JBS, durante seis dias do mês de abril, enquanto os réus negociavam a delação premiada com a Procuradoria-Geral da República.

A legislação brasileira (Lei nº 6.385/76, que dispõe sobre o mercado mobiliário e que criou a Comissão de Valores Mobiliários) define como crime:

> *Art. 27-D: Utilizar informação relevante ainda não divulgada ao mercado, de que tenha conhecimento e da qual deva manter sigilo, capaz de propiciar, para si ou para outrem, vantagem indevida, mediante negociação, em nome próprio ou de terceiro, com valores mobiliários (artigo incluído pela Lei nº 10.303, de 31/10/2001).*

Os investigados da Operação Tendão de Aquiles, caso culpados, poderão pegar de um a cinco anos de reclusão e multa de até três vezes o valor da vantagem ilícita obtida. E, para garantir o pagamento de possíveis multas, a Justiça Federal em São Paulo decretou o bloqueio de R$ 800 milhões de Joesley Batista, que, posteriormente, foi desbloqueado.

A defesa dos irmãos Joesley e Wesley Batista ofereceu, no dia 29 de setembro de 2017, ao juiz federal João Batista Gonçalves, que apura a acusação de *insider trading*, a caução dos valores citados pelo Ministério Público Federal como lucro indevido (US$ 100 milhões), obtido com o uso de informação privilegiada.

Os Batista também foram envolvidos na Operação Lama Asfáltica. A investigação suspeita de que a Eldorado Brasil Celulose e a JBS teriam pago, em 2014, cerca de R$ 10 milhões em propina a um grupo criminoso formado por servidores públicos do estado de Mato Grosso do Sul - em troca, receberiam isenções fiscais.

Os valores seriam apresentados por meio de contratos fictícios de locação de máquinas e doação de campanha. O esquema envolvia empreiteiras e duas empresas locatárias de maquinário para obras rodoviárias.

CAPÍTULO 8

No osso

O gigante encolheu.

Mas tal encolhimento, o do grupo J&F Investimentos S.A., não foi uma decisão estratégica dos irmãos Batista, mas uma necessidade de vender ativos para pagar dívidas, com vencimento de curto prazo, que chegaram a R$ 18 bilhões no final de 2016, além de problemas decorrentes da restrição de créditos junto a bancos estatais, motivados pelo acordo de leniência fechado com a Procuradoria-Geral da República em maio de 2017, pelo qual os irmãos Batista e outros executivos da companhia confessaram inúmeros crimes de corrupção e lavagem de dinheiro.

Desde que veio à tona a delação premiada da J&F, os irmãos Joesley e Wesley Batista foram obrigados a se desfazer de praticamente metade dos negócios para salvar seu império.

A J&F colocou à venda, além de suas operações de carne bovina na Argentina, Paraguai e Uruguai, sua participação nas seguintes empresas: Alpargatas, Eldorado Brasil Celulose, Vigor Alimentos, Flora, linhas de transmissão de energia e outros ativos, deixando de fora, nesse momento, a sua linha principal de negócio, que é a JBS, no Brasil e nos Estados Unidos, embora com a intenção de vender sua participação acionária na Moy Park (aves), bem como a venda de ativos da Five Rivers Cattle Feeding (confinamento) e fazendas.

A J&F não descarta também a venda do Banco Original, que é ainda deficitário, tendo registrado prejuízo de R$ 144,6 milhões no primeiro trimestre de 2017. Para tentar equilibrar seus custos, o Banco Original vendeu para a sua controladora, a J&F Investimentos, a sua marca e o direito sobre seus sites de negócio por R$ 422 milhões.

O objetivo da transação foi retirar a despesa de marketing da conta do banco, que em 2016 gastou R$ 140 milhões. A J&F receberá do Banco Original royalties de 1% sobre o resultado operacional do banco.

Com a receita obtida na cessão da marca para a controladora, o banco registrou um lucro líquido de R$ 43,6 milhões no ano passado, queda de 61% em relação a 2015. Considerando apenas o resultado operacional, contudo, o banco teve prejuízo de R$ 278,6 milhões no ano passado.

A reestruturação da dívida da JBS teve momentos agudos de tensão. Os bancos recusaram a proposta inicial e passaram a negociar uma alternativa, mas o Itaú abandonou as conversas.

Quando as investigações em torno da JBS e de seus controladores começaram, em 2016, o comitê de investimentos do Itaú decidiu ser mais conservador nos empréstimos para a companhia – o banco tem, segundo executivos do mercado, R$ 1,5 bilhão a receber até 2018, enquanto o Bradesco tem R$ 3 bilhões; o Santander e o Banco do Brasil, cerca de R$ 4 bilhões; e a Caixa Econômica Federal, R$ 8 bilhões.

Ainda de acordo com a publicação, quando os problemas aumentaram, em decorrência da delação dos irmãos Batista, o Banco Itaú resolveu ameaçar cobrar da JBS o que tinha a receber na data do vencimento.

Se isso acontecesse, seria um desastre. Isso poderia antecipar a cobrança de mais de US$ 2 bilhões que a JBS tem a pagar a partir de 2020.

Executivos próximos à empresa afirmaram à imprensa que, "nesse cenário, a recuperação judicial seria a única opção. Também haveria consequências para o mercado financeiro. Alguns bancos médios deram volume relevante de crédito à JBS".

Um dos maiores e mais admirados investidores individuais em ações no Brasil, Luiz Barsi Filho, afirmou para o InfoMoney, no dia 30 de julho de 2017, que "não é preciso uma análise muito profunda: a JBS está fadada a desaparecer do mercado".

Para tentar salvar a empresa do pior, a BNDESPar e outros acionistas minoritários defendem a saída dos irmãos Batista do comando da JBS.

O presidente do BNDES, Paulo Rabello de Castro, teria afirmado: "Queremos uma requalificação na diretoria e no conselho de administração da companhia. Manter o valor da companhia é nossa obsessão e todas as medidas para conseguir isso serão tomadas".

Para o vice-presidente da Associação dos Investidores Minoritários do Brasil, Aurélio Valporto, "a permanência dos Batista é insustentável sob qualquer ponto de vista. São criminosos confessos e não poderiam continuar no comando de qualquer companhia do Brasil".

Valporto disse que já teria iniciado "procedimentos judiciais" para propor, na Assembleia dos Acionistas, pedido de afastamento dos controladores.

A JBS afirmou que a assembleia iria discutir "medidas a serem tomadas [...] com relação às responsabilidades por prejuízos causados à companhia por administradores, ex-administradores e controladores envolvidos nos atos ilícitos confessados nos acordos de colaboração premiada", segundo trecho do comunicado.

As empresas vendidas até agora foram avaliadas em R$ 24,4 bilhões, enquanto o valor de mercado das companhias que ainda pertencem à família Batista está em cerca de R$ 26,4 bilhões.

Como parte da reestruturação da JBS, a companhia informou, no dia 19 de dezembro de 2016, que havia criado a JBS Foods International (JBSFI), com previsão de abertura de capital na Bolsa de Nova York em 2017, e que, em decorrência disso, a estrutura de plataformas prevista pela companhia deixaria de existir, como a da JBS América do Sul. Essa abertura de capital não ocorreu.

Num primeiro momento, foi informado ao mercado que o executivo Enéas Pestana, ex-presidente do grupo Pão de Açúcar e que vinha ocupando a presidência da JBS América do Sul, havia deixado de fazer parte da companhia e que o executivo Miguel Gularte, presidente da JBS Mercosul, se desligaria da empresa nos próximos dias.

Dessa forma, as operações de Carnes Brasil, Couros e Novos Negócios permaneceram na estrutura da JBS S.A., com sede no Brasil.

"Esses negócios, assim como as áreas corporativas anteriormente ligadas à presidência América do Sul, passam a se reportar a Wesley Batista, CEO global da empresa", disse a JBS em comunicado.

As operações de carne bovina da JBS (São Paulo-SP) na Argentina, Paraguai e Uruguai foram vendidas no dia 6 de junho de 2017 para empresas controladas pela brasileira Minerva (Barretos-SP). O valor total da transação é de US$ 300 milhões, cerca de R$ 1 bilhão. Segundo comunicado da JBS ao mercado, o preço ainda deveria passar por ajuste referente à diferença entre o capital líquido e o endividamento das marcas negociadas. As aquisições ainda estariam sujeitas a condições precedentes e se dariam por meio de suas subsidiárias nesses países.

Embora contasse a venda como certa, a JBS S.A. foi surpreendida pela decisão, divulgada no dia 21 de junho de 2017, de que estava proibida a negociação, por força de decisão tomada pelo juiz substituto da 10ª Vara Federal, Ricardo Leite, responsável pela Operação Bullish, que investiga irregularidades envolvendo empréstimos do BNDES à JBS.

De acordo com o magistrado, "a colaboração premiada não se esgota em depoimentos, havendo necessidade de apresentação de provas idôneas". O juiz afirmou em seu despacho que seria preciso apresentar à 10ª Vara Federal provas sobre as irregularidades cometidas no BNDES e esclarecer detalhes da transferência de recursos do banco para a JBS comprar as empresas Smithfield, National Beef, Pilgrim's, Tasman Group e Bertin.

No dia 30 de junho de 2017, o ministro do Supremo Tribunal Federal Edson Fachin negou pedido de liminar da JBS, que buscava suspender os efeitos da decisão da Justiça Federal de Brasília – a Justiça proibiu o grupo de efetivar a venda por US$ 300 milhões em operações de carne bovina na Argentina, Paraguai e Uruguai para a Minerva.

Na ação, os advogados da JBS haviam argumentado que a decisão da Justiça do Distrito Federal, de 21 de junho de 2017, desrespeitara os termos das delações premiadas homologadas dos executivos da JBS pelo ministro Edson Fachin.

Em sua decisão, o ministro Edson Fachin argumentou que a aplicação de medidas cautelares seria decorrente de outra operação, Tendão de Aquiles, que apura suposta venda irregular de ações e compra de contratos futuros de dólar na Bolsa de Valores, realizada depois que os executivos firmaram a delação.

O ministro Edson Fachin também argumentou que a JBS não poderia ter entrado com uma reclamação no Supremo Tribunal Federal contra a decisão do juiz da 10ª Vara Federal, mas, sim, teria que recorrer, respeitando as instâncias ordinárias. Ou seja, entrar com um recurso primeiro no Tribunal Regional Federal e, se fosse o caso, depois levar a ação ao STJ (Superior Tribunal de Justiça), antes de chegar ao STF.

A venda das operações da JBS na América do Sul também dependia da autorização da Superintendência-Geral do Conselho Administrativo de Defesa Econômica (Cade), que aprovou, sem restrição, com publicação em 10 de julho de 2017 no Diário Oficial da União.

A JBS S.A. recorreu ao Tribunal Federal Regional da 1ª Região, da decisão do juiz Ricardo Leite, da 10ª Vara Federal, e o desembargador Olindo Menezes, no dia 12 de julho de 2017, concedeu liminar anulando os efeitos da decisão do juiz federal Ricardo Leite, que havia vetado a venda das operações da JBS no Uruguai, Paraguai e Argentina ao grupo Minerva.

De acordo com a decisão, ainda em caráter liminar, o desembargador Olindo Menezes afirma que "Não se afigura relevante, para as investigações que estão em curso, que a empresa seja tolhida, injustificadamente, na sua atuação comercial e na prática de seus atos de gestão, de todo complexos e com repercussão no mercado interno e internacional, apenas porque acionistas seriam investigados, sem que a pessoa jurídica, com personalidade e patrimônio próprios, sequer seja investigada".

Em 12 de julho de 2017, a J&F fechou acordo para a venda da Alpargatas - dona das marcas Havaianas, Osklen, Dupé, Mizuno, Sete Léguas e Meggashop. Os compradores foram Itaúsa (*holding* de investimento do Itaú), das famílias Setúbal e Villela, e Cambuhy/Brasil Warrant (braços de investimento da família Moreira Salles), por R$ 3,5 bilhões.

Considerando que as ações da Alpargatas acumulavam alta em 2017, até o fechamento do acordo de venda, o negócio deve ter rendido um bom lucro aos irmãos Batista. Mesmo que a J&F deva R$ 2,66 bilhões à Caixa Econômica Federal pelo empréstimo em novembro de 2015, com dois anos de carência para início de pagamento, para aquisição da Alpargatas, que pertencia à Camargo Corrêa.

Essa negociação estava em curso desde o final de junho, e chegou a ser anunciado que teria chegado ao fim por falta de entendimento com relação ao valor da transação.

O pagamento foi combinado à vista, e a Itaúsa, controladora do Itaú, foi responsável por desembolsar 50% do valor total. As gestoras Cambuhy e Brasil Warrant, de propriedade da família Moreira Salles, desembolsam a outra metade.

No dia 20 de setembro, Itaúsa e Cambuhy, que administram o patrimônio das famílias Setúbal, Villela e Moreira Salles, pagaram R$ 3,48 bilhões pela Alpargatas.

Com o dinheiro, a J&F Participações S.A. quitou os R$ 2,7 bilhões emprestados pela Caixa Econômica Federal para adquirir a Alpargatas em 2015.

No dia 17 de junho de 2017, a empresa assinou um acordo de confidencialidade com a chilena Celulose Arauco y Constitución, sobre as negociações entre os dois grupos envolvendo a Eldorado Brasil Celulose, que tem uma fábrica em Três Lagoas (MS). A Arauco contratou os escritórios de advocacia Mattos Filho e Simpson Thacher & Bartlett para assessorá-la na avaliação e eventual negociação com os irmãos Batista.

No dia 19 de junho de 2017 foi a vez de a Eldorado Brasil Celulose enviar um Fato Relevante à Comissão de Valores Mobiliários (CVM), informando que a J&F havia assinado acordo de confidencialidade com a Celulose Arauco y Constitución "para análise de eventual transação envolvendo a companhia".

O volume de passivos apurados, cerca de R$ 500 milhões, surpreendeu os chilenos – que haviam feito uma oferta inicial de R$ 14 bilhões.

Somente na área logística ferroviária a companhia teria um passivo da ordem de R$ 200 milhões com duas empresas do setor, referente a transporte e venda de material rodante e vagões. No montante de passivos da Eldorado, estaria ainda a ação que a Fibria move contra a companhia, acusada pelo uso indevido de um clone de eucalipto por ela registrado, pedindo uma multa de R$ 100 milhões.

Além disso, a Eldorado tinha uma pendenga na Justiça com o doleiro Lúcio Bolonha Funaro, que cobra R$ 44 milhões pela intermediação com a Caixa Econômica Federal do empréstimo de R$ 940 milhões do FI-FGTS, o qual foi parte do financiamento da fábrica.

A Eldorado teria ainda problemas com florestas de eucalipto e com sua estrutura logística. E isso porque, embora a Eldorado disponibilize a informação de que possui 240 mil hectares plantados com eucalipto, apenas 5% estão em terras próprias (ou cerca de 13 mil hectares).

O restante do plantio está em mais de 200 terrenos, que foram sendo arrendados a partir de 2006, com vencimento em 2020. Embora a Eldorado não vá enfrentar dificuldade para renovar tais contratos, a expectativa é de que haverá aumento de custo.

A Eldorado também não teria madeira suficiente para a produção da linha atual, de 1,7 milhão de toneladas/ano, e iniciar a operação da nova linha – mais 2 milhões de toneladas.

Além disso, a auditoria apontou 1,2 mil ações de processos tributários e trabalhistas, provisionados de maneira inadequada. O lucro da Eldorado seria inflado por créditos de Imposto sobre Circulação de Mercadorias e Serviços (ICMS), lançados no balanço com um prêmio de até 30% que não devem ser devolvidos pelo governo de Mato Grosso do Sul.

No dia 3 de agosto de 2017 venceu o prazo de exclusividade dado à Arauco para avaliação da Eldorado, sem que as partes tenham chegado a fechar um acordo.

A Paper Excellence, de propriedade de Jackson Widjaja, com sede operacional no Canadá, fez uma oferta de R$ 15 bilhões que englobaria 100% das ações da empresa e mais as dívidas.

Na primeira etapa, a Paper Excellence adquiriu as ações pertencentes à Petros (8,53%), Funcef (8,53%), FIP Olímpia (1,96%), além de 13% que pertenciam à J&F, totalizando 49,41% da empresa.

A compra, feita em duas etapas, seria concluída ao longo de 12 meses, com a aquisição do restante 50,59% das ações em poder da J&F.

Em nota conjunta à imprensa, o grupo Paper Excellence ressaltou que a aquisição é importante porque inclui, no seu portfólio, ativos de produção de celulose de eucalipto. No texto, a J&F destaca a qualidade dos ativos que compõem a Eldorado, e as empresas afirmam que a negociação atendeu ao interesse das duas partes.

No dia 22 de setembro de 2017, o juiz Vallisney de Souza Oliveira, da 10ª Vara Criminal Federal do Distrito Federal, desbloqueou as ações que a J&F tinha na Eldorado, que ele mesmo mandou bloquear em março do mesmo ano por solicitação do Ministério Público Federal.

De acordo com a sua decisão, o valor obtido com a venda da Eldorado deveria ser integralmente aplicado no pagamento de dívidas.

Além disso, o juiz federal determinou que a J&F deveria apresentar declaração assinada por seus representantes e/ou advogados com poderes expressos, acatando as "condições fixadas na decisão para o desbloqueio das ações da *holding* J&F Participações S.A. na empresa Eldorado Brasil Celulose".

Apesar da insegurança que a prisão dos irmãos Batista havia trazido para o negócio, a família indonésia Widjaja decidiu seguir com a operação. Em agosto de 2018, antes do vencimento do prazo final para conclusão da operação, a Paper Excellence entrou na justiça alegando que a J&F estaria bloqueando o fechamento da operação, e ao mesmo tempo iniciou um processo de arbitragem.

A Paper Excellence argumenta que, com o aumento do preço da celulose, os irmãos Batista se arrependeram da venda e queriam obter mais dinheiro da família Widjaja. A Justiça manteve o contrato assinado entre as partes válido até o final do processo de arbitragem que está em curso.

Já a Vigor Alimentos apareceu na imprensa como sendo colocada à venda em outubro de 2016.

No dia 26 de outubro de 2017, a J&F anunciou que fechou acordo de venda de 99,9% de sua participação na Vigor Alimentos e 50% da Itambé, que a J&F comprou em 2016 por R$ 410 milhões, para a mexicana Lala, por R$ 5,025 bilhões. Explicando melhor: os 50% da Itambé custaram R$ 410 milhões, em 2013. Juntando a Vigor e mais 50% da Itambé, o valor seria de R$ 5,025 bilhões. Porém, aqui deve ser registrado que a CCPR resolveu recomprar os 50% da Itambé que estava com a Vigor, e o valor base da negociação da J&F com a Lala caiu para R$ 4,235 bilhões.

Esse valor inclui a venda da parte da JBS, que possui 19,43% das ações da Vigor, de R$ 1,11 bilhão. O valor negociado inclui ainda a dívida da Vigor Alimentos, que está na casa dos R$ 900 milhões. No fechamento do negócio, o valor aproximado de R$ 786 milhões entraria para os cofres da J&F.

A JBS Five Rivers Cattle Feeding LLC (Five Rivers), subsidiária integral da JBS, tem uma capacidade combinada, através de 10 unidades de confinamento, de confinar até 1,5 milhão de cabeças de gado por ano, com unidades no Colorado, Kansas, Oklahoma, Texas, Arizona e Idaho; administra também uma unidade de confinamento com capacidade para 75 mil cabeças na província canadense de Alberta.

Para operar com menor risco em relação à legislação de alguns estados americanos que fazem restrição à integração vertical dos frigoríficos (Lei Packer Ban), a JBS teve que fazer um acordo estratégico com a J&F Oklahoma. Assim, a JBS Five Rivers presta serviços de confinamento, cobra dos donos do gado uma taxa diária por cabeça e cuida do animal até que esteja pronto para o abate, seguindo as condições normais do mercado americano.

Por outro lado, a J&F Oklahoma Holdings possui até 800 mil cabeças de gado de engorda. A J&F Oklahoma paga à JBS Five Rivers uma taxa diária baseada no mercado para cuidar e engordar seus animais.

Bill Bullard, CEO da R-CALF USA, grupo de pecuaristas norte-americanos, pediu, no dia 6 de junho de 2017, em carta endereçada ao presidente Donald Trump, investigações sobre as operações da JBS nos Estados Unidos.

No dia 14 de julho de 2017, a JBS comunicou ao mercado a venda de suas operações de confinamento no Canadá e de uma fazenda à empresa MCF Holdings Ltd, pelo valor de 50 milhões de dólares canadenses. O acordo previa que a MCF continuaria fornecendo gado para a unidade de produção de carne bovina da JBS Canadá em Brooks, e que a conclusão da transação estaria condicionada à aprovação pelas autoridades competentes.

A Moy Park, subsidiária integral da JBS, é uma das dez principais empresas de alimentos da Grã-Bretanha, com 14 unidades de processamento e fabricação na Irlanda do Norte, Inglaterra, França, Holanda e Irlanda. Com sede em Craigavon, Co Armagh, a Moy Park emprega 6.300 pessoas na Irlanda do Norte e um total de 12.000 pessoas, inclusive em operações em outros países da Europa.

A empresa fornece 25% do frango consumido na Europa Ocidental. A empresa também possui marcas de refeições prontas para consumo, alimentos e sobremesas.

O valor do fechamento da transação foi composto pelo pagamento à vista de US$ 1,212 bilhão à Marfrig e pela dívida líquida da Moy Park assumida pela JBS, no montante de US$ 293 milhões, que contemplam as Notas no valor de 300 milhões de libras esterlinas, com vencimento em 2021.

O valor efetivamente pago é ligeiramente superior ao valor de US$ 1,190 bilhão previamente anunciado, em função das variações no capital de giro e na dívida líquida da Moy Park entre a data da assinatura e o fechamento da transação, conforme avençado originalmente entre as partes.

Embora a aquisição da irlandesa Moy Park tenha sido festejada pela JBS como um bom negócio, na prática ela foi considerada mais "limitada" do ponto de vista da integração das operações da gigante global de carnes, reconheceu Wesley Batista.

Entre as limitações, Wesley Batista citou a área administrativa, que não poderia ser integrada, uma vez que a JBS não contava com unidades de produção no continente europeu.

O grupo chinês WH, que controla a americana Smithfield Foods, maior empresa produtora de carne suína do mundo, está sendo anunciado como um dos fortes pretendentes a comprar a Moy Park da família Batista.

Outras empresas que se interessaram pelo negócio incluem a Tyson Foods, com sede nos Estados Unidos, e a empresa brasileira BRF. Entretanto, especula-se no mercado que a JBS também estuda considerar um IPO para a Moy Park, um plano que havia sido considerado pela Marfrig.

No entanto, no dia 11 de setembro de 2017, a norte-americana Pilgrim's Pride, que também pertence ao grupo JBS, anunciou a compra da Moy Park por US$ 1 bilhão, sendo parte em dinheiro e parte em assunção de dívida.

A JBS informou que a compra da Moy Park pela Pilgrim's Pride permitirá que a "companhia mantenha um desempenho financeiro sólido, com ativos diversificados e um portfólio de produtos inovador, alinhado com a sua intenção de abrir o capital de uma de suas subsidiárias nos Estados Unidos".

A transação foi aprovada por unanimidade por um comitê interno composto por membros independentes representando os acionistas minoritários, e poderá gerar sinergia anual de até US$ 50 milhões nos próximos dois anos, além de incremento anual no faturamento de aproximadamente US$ 2 bilhões.

A JBS se posicionou dizendo à imprensa que o negócio propiciaria a troca de uma dívida de curto prazo no Brasil por uma dívida de longo prazo nos Estados Unidos, o que diminuiria as despesas financeiras.

No dia 26 de julho de 2017 foi divulgado que a empresa de alimentos Cargill estudava a aquisição da Pilgrim's Pride, maior processadora de carne de frango norte-americana, da JBS. O ativo já foi alvo de disputa com a empresa brasileira em 2009 e voltou a criar rumor no mercado.

Entretanto, a JBS informou que a Pilgrim's Pride não está à venda e anunciou oficialmente, em 20 de junho de 2017, seu programa de desinvestimentos, que inclui a alienação da participação acionária de 19,2% na empresa Vigor Alimentos S.A., a irlandesa Moy Park e negócios da Five Rivers nos Estados Unidos e no Canadá.

Cargill e JBS fizeram negócio recentemente. Em 2015, por meio da Swift Pork Company, a empresa brasileira pagou US$ 1,45 bilhão pela operação de suínos da Cargill nos Estados Unidos. Na ocasião, a companhia dos irmãos Batista afirmou que a aquisição estava em total sinergia com a Pilgrim's Pride.

Os irmãos Batista também pensam em vender parte das 17 marcas da Flora, a sua fabricante de produtos de limpeza e higiene. A ideia seria vender as marcas e atuar como terceirizado na fabricação dos produtos.

Epílogo

Por que o crime compensou? Pós-FHC, a economia ia de vento em popa. Numa reunião no Planalto, com Palocci, nos primeiros quatro anos de sua octaetéride, Lula decidiu: o capitalismo brasileiro precisava gerar um "enfant terrible", posteriormente transformado em "enfant gâté", que vendesse, em sua figura, a ideia de que "fazer a América" agora era um atributo tecnicamente aplicável ao Brasil. Lula olhava para os Estados Unidos via gente que saiu do nada, como Elon Musk e Mark Zuckerberg, perfazendo milhões.

E assim foram escolhidos os irmãos Batista e Eike Batista. Eram o produto perfeito para se vender a ideia de que investir no Brasil conotava converter-se em rico em pouco tempo.

O que o mercado internacional não sabia era que tudo aquilo era o que os alemães chamam de "ersatz", uma meia-confecção. E que por detrás do novo sucesso do capitalismo brasileiro estavam a Petrobras e o BNDES - este dando bilhões como se dá bom dia. Naquela época já se aplicava tortamente o conceito de capitalismo de Estado: você toma dinheiro do Estado, compra políticos, partidos, e, quanto mais faz isso, mais bufunfa mete nos bolsos. A maracutaia perfeita.

Gota a gota, os irmãos Batista se transformaram em patriotas contra o Brasil. O grande mote de Lula, enchê-los de dinheiro público, era a política de campeões nacionais. Assim, os irmãos Batista rapinaram o

Brasil comprando políticos e partidos com dinheiro dos contribuintes. No auge do recebimento dessa mamata, os Batista tentaram mudar a sede da empresa para a Irlanda. Não conseguiram. A ideia era construir o grupo e se aboletarem, como tentaram, ao irem morar em Nova York.

O Brasil foi sendo traído a conta-gotas. Com 1.870 políticos comprados, ameaçaram a democracia brasileira desde a raiz, comprando de deputados estaduais, governadores, senadores e, como indicam as atuais investigações, até o presidente.

Os irmãos traidores da pátria corroeram a democracia brasileira, sempre mirando o objetivo inequívoco de, num futuro desejadamente vindouro, transferirem tudo para o exterior.

Esse tipo de rapinagem é biológico. Há na biologia um fenômeno que se chama "lancet flukes". Há uns 20 exemplos catalogados na ciência. Um protozoário chamado *Toxoplasma gondii* penetra o cérebro do rato. Este, contaminado, passa a perder o medo do gato e deixa de sentir o cheiro da urina de seu inimigo, como aviso de sua presença. O rato passa a vagar intimoratamente, sem medo. É devorado pelo gato. E o *Toxoplasma gondii* passa a se reproduzir no intestino do gato. Ou seja, o rato morreu em prol de algo que o contaminou.

Os irmãos Batista, biologias à parte, passaram a atuar como "flukes" da democracia brasileira. Instalaram-se no bolso de quase dois mil políticos e passaram a controlar seus corações e mentes em prol de um objetivo há muito estabelecido: tungar o dinheiro público brasileiro, levá-lo ao exterior e trair o Brasil em nome de serem supostos frutos de um capitalismo emergente e prometeico.

A rapinagem, digamos que até tecnicamente biológica, ganhou um nome muito simples: traidor da pátria. Um sistema cavilosamente urdido, mas nem tão difícil de ser executado: o dinheiro do BNDES comprou facilmente a tudo e a todos. Um repórter do *The New York Times* chegou a escrever que a diferença entre o Brasil e os Estados Unidos é que lá você fica rico para depois virar político, e aqui você vira político para depois ficar rico.

Os traidores da pátria nada tiveram de Esaú e Jacó: não agiram assimetricamente, nivelaram seus destinos tecnicamente com o mesmo objetivo – e contaram com milhares de políticos que, como já dito, entraram na política para ficarem ricos.

Os irmãos Batista estão envolvidos em investigações até o osso.

Fizeram um acordo de leniência, pelo qual a JBS vai pagar R$ 10 bilhões em 25 anos, um acordo pra lá de generoso. A delação premiada dos irmãos, rescindida pelo Ministério Público Federal (MPF), agora está em julgamento pelo STF. Se a rescisão for mantida pelo Supremo, é provável que eles voltem para a prisão.

De acordo com o MPF, "os dois descumpriram os termos da colaboração ao omitirem, de forma intencional, fatos criminosos dos quais tinham conhecimento no momento do fechamento dos acordos firmados [...]. No caso de Wesley, a decisão da procuradora-geral considerou indícios de prática de crime quando o empresário já se encontrava na condição de colaborador".

E ainda se investigam os políticos que foram comprados.

A pergunta é: só os irmãos traíram o Brasil? Não, absolutamente não: o Brasil traiu o Brasil. Apenas dispúnhamos de 2 mil políticos de bolsos abertos esperando condições objetivas para que pudessem se prostituir. Eis que surgem, como dois Moisés ensandecidos, os traidores Batista brandindo maços de dólares – oportunidade única para a classe política já acostumada a mamar nas tetas do Estado via Mensalão e Petrobras.

Estaremos, em pleno 2019, sujeitos a repetição desse esquema? Óbvio que sim. Nosso quadro político apenas espera outros traidores da pátria para encherem as burras.

O futuro é mais negro que asa de graúna, graças a um passado recente detalhadamente construído pelos irmãos que traíram a pátria em prol do próprio bolso.

Os irmãos traidores foram, em essência, patriotas contra o Brasil.

MATRIX